简明德国史教程
Grundriß der deutschen Geschichte

邓涛　陈婧　麻蕾　[德]扬·斯普林格　主编

西北工业大学出版社

西　安

【内容简介】 本书用德语撰写,共分为五章,以编年的方式分别论述了德国古代、中世纪、近代、现代、当代等五个时期的重要历史人物和事件,使学习者对德国从古至今的历史有一个整体认识。

本书为德语专业本科生教材,适合德语专业高年级学生或德语自学者在学习德国历史时使用。

图书在版编目(CIP)数据

简明德国史教程:德文/邓涛等主编.—西安:
西北工业大学出版社,2020.6(2025.1重印)
ISBN 978-7-5612-6918-3

Ⅰ.①简… Ⅱ.①邓… Ⅲ.①德国-历史-教材-德
语 Ⅳ.①K516

中国版本图书馆 CIP 数据核字(2020)第 070659 号

JIANMING DEGUOSHI JIAOCHENG

简 明 德 国 史 教 程

责任编辑:查秀婷		**策划编辑:**查秀婷	
责任校对:卢颖慧		**装帧设计:**李 飞	

出版发行:西北工业大学出版社
通信地址:西安市友谊西路 127 号   邮编:710072
电   话:(029)88491757,88493844
网   址:www.nwpup.com
印 刷 者:西安五星印刷有限公司
开   本:787 mm×1 092 mm   1/16
印   张:9.125
字   数:228 千字
版   次:2020 年 6 月第 1 版   2025 年 1 月第 2 次印刷
定   价:36.00 元

前　言

德意志民族历史源远流长,横贯古今,跌宕起伏。德意志民族和国家的分裂与统一相互交叠,线索复杂。对于德语专业学生和德语学习爱好者而言,这无疑给深入了解德语文化带来了一定的困难。

在国内德语专业本科教学背景下,本书编者结合自身历年德国历史课程教学经验,充分考虑相应学生群体的语言基础和实际需求,采用化繁为简,突出重点的思路编纂本书。在德国历史的古今沿革中,本书突出德国近代史和当代史内容。

全书配有 14 套练习题和 14 幅历史阶段线索图,建议教师利用各幅线索图以及对应章节的课文来划分单元进行备课和教学,也可利用线索图提纲挈领分析各阶段的历史进程,指导学生复习对应的核心知识。

编者扬·斯普林格(Jan Sprenger)先生为本书提供了重要的内容编排思路和部分章节的重要文案,编者邓涛、陈婧、麻蕾具体负责全部章节内容的编写和修改工作。

在此诚挚感谢西安外国语大学德语学院皇甫宜均副教授和上海外语教育出版社特约编辑陈懋老师为本书提供的宝贵指导意见。

书中难免有不妥和谬误之处,请同行专家批评指正。

编　者

2019 年 8 月 15 日于德国卡塞尔

目　　录

1 Das Altertum (Chr.- etw. 500)

1.1 Die ethnische Herkunft der Deutschen

Wie die englische Bezeichnung für Deutschland (Germany) zeigt, hat sich das Volk der Deutschen vor allem aus dem Volksstamm der Germanen gebildet. Auch die Kelten spielen eine wichtige Rolle. Aus beiden Volksstämmen haben sich im Laufe der Jahrhunderte neue Völker entwickelt, aus diesen Völkern ist unter anderem Deutschland entstanden. Die Kultur Deutschlands und Europas wurde jedoch vor allem durch Griechenland und das Römische Reich geprägt.

1.1.1 Die Germanen

(1) Die Herkunft der Germanen

Der Volksstamm der Germanen ist vermutlich im 2. Jahrtausend v. Chr. entstanden. Der Ursprung von ihnen dürfte in Südskandinavien, Dänemark, sowie Nord – und Nord-westdeutschland gewesen sein. Ab dem 5. Jh. v. Chr. breiteten sich die Germanen bei der Landsuche in Richtung Südeuropa aus, dies führte zu Konflikten zwischen ihnen und dem Römischen Reich.

Die Germanen setzten sich in Mittel – und Nordeuropa fest, der Rhein wurde zur Grenze zwischen dem Römischen Reich und dem Reich der Germanen. Man unterscheidet heute drei große germanische Stammengruppen, die Nordgermanen in Skandinavien, die West-germanen in Nord – und Mitteldeutschland, und Ostgermanen an der Oder und Weichsel bis zum Schwarzen Meer. Im Laufe der folgenden Jahrhunderte zersplitterten sich die Ger-manen. Es bildeten sich neue Volksstämme, u.a. Goten, Burgunder, Franken und Sachsen heraus.

(2) Die gesellschaftliche Struktur und Lebengewohnheiten

Jeder germanische Stamm wurde von einem Häuptling verwaltet. Er übertrug die Würde vom Vater, war verantwortlich für die Versorgung und den Kriegserfolg des Stammes, übte seine Macht aber nicht frei und willkürlich aus.

„Das Thing" war die Volks –, Gerichts – und Heeresversammlung eines Stammes.

Regelmäßig bei Neu – oder Vollmond trafen sich alle Waffenfähigen unter der Führung des Häuptlings zusammen, um die Angelegenheiten z.B. Krieg und Frieden, die Strafen zu erledigen. Wichtige Beschlüsse durften durch Abstimmungen gefasst werden.

Die Germanen waren Ackerbauern und Viehzüchter, manchmal Händler und Fischer. Die Arbeit wurde zwischen Mann und Frau aufgeteilt, die Frauen halfen bei der Viehzucht und Feldarbeit. Die Hausarbeit war vor allem Frauenbeschäftigung.

Die germanischen Stämme hatten die Runen als Schriftzeichen, die als Inschriften, Symbole und Zauber in Holz, Erz oder Stein eingeritzt. Eine Reihe von Runen bildeten ursprünglich 24 Zeichen, im 7. und 8. Jahrhundert n. Chr. 16 Zeichen.

(3) Die frühesten Informationen über Germanen

Die ersten genaueren Informationen über die Völker Nord – und Mitteleuropas sind durch die Römer überliefert. Sie wurden als kriegerische Stämme von Bauern und Jägern geschildert und „Germanen" genannt. Das von ihnen bewohnte Land wurde „Germanien" bezeichnet.

Gaius Julius Caesar (100 od. 102 v. Chr. – 44 v. Chr.), der römischer Feldherr und Staatsmann beschrieb in seinem Buch *Vom Gallischen Krieg* sein militärisches Vorgehen gegen die Germanen, erzählte an einer anderen Stelle über Germanien.

Cornelius Tacitus (um 55 – nach 115), der römische Geschichtsschreiber beschrieb in seinen Annalen die Feldzüge der Germanen, und in „Germania" Land, Sitten und Gebräuche von ihnen.

1.1.2　Die Kelten

Der Volksstamm der Kelten ist vermutlich ebenfalls im 2. Jahrtausend v. Chr. entstanden, ihr Ursprung dürfte im Raum zwischen dem Oberrhein und Böhmen gewesen sein. Ab dem 7. Jahrhundert v. Chr. breiteten sich die Kelten über Westeuropa und den Britischen Inseln aus. Ihr Machthöhepunkt war um 400 v. Chr. Unter dem militärischen Druck der Römer und der Germanen zerfiel das Reich der Kelten, bzw. es ging im Reich der Germanen und Römer auf.

1.2　Die Römer und Römisches Reich

Die römische Geschichte lässt sich in drei Phasen unterteilen: Die erste Phase, die Königszeit, dauerte von der sagenhaften Gründung der Stadt Rom vom Romulus bis 509 v. Chr. Die zweite, die Republik, dauerte von 509 v. Chr. bis 30 v. Chr. Die dritte Phase, die Kaiserzeit dauerte von 30 v. Chr. bis 476 n. Chr. Die Kaiserzeit wird wieder in die frühe Kaiserzeit (30 v. Chr.– 283 n. Chr.) und die späte Kaiserzeit (284 – 476) unterteilt.

In der frühen Kaiserzeit erreichte das Römische Reich unter Kaiser Trajan (98 – 117) seine größte Ausdehnung vom Atlantik bis zum Persischen Golf und zum Schwarzen Meer, von Nordafrika bis zum Donau und Rhein. Danach geriet das Reich im 3. Jahrhundert durch außenpolitische Niederlagen, Hungersnöte und wirtschaftlichen Niedergang an Rand des Abgrunds. Wegen der Rückbesinnung auf die alten Götter ließ Kaiser Decius (249 – 251) erstmal die Christen reichsweit verfolgen.

In der späten Kaiserzeit führte Kaiser Diokletian (284 – 305) die Reform durch. Das Reich wurde wiedergefestigt. Im 4. Jahrhundert erlebte das Römische Reich die Spaltung.

1.3 Die Begegnungen zwischen Germanen und Römern

1.3.1 Die germanischen Eroberungskriege

Bei der Landsuche schritten die Germanen immer wieder über den Rhein und die Donau ins Römische Reich. Der römische Kaiser Augustus (27 v. Chr.- 14 n. Chr.) ließ das germanische Gebiet bis zur Elbe erobern, um die Germanen endgültig zu unterwerfen.

Caeser traf im Jahr 59. v. Chr. im heutigen Elsass die Sueben, einen germanischen Stamm unter der Führung von Ariovist, und schlug sie hinter den Rhein zurück.

Arminius der Cherusker (auch Hermann der Cherusker) (18/17 v. Chr.- 21 n. Chr.), ein Cheruskefürst eines germanischen Stammesbundes vernichtete im Jahr 9 n. Chr. drei römische Legionen unter Quinctilius Varus im Teutoburger Wald. Die Schlacht galt den deutschen Bürgern mit nationalen Gedanken im 19. Jahrhundert als die Befreiung von Rom und der Beginn einer germanisch – deutschen Geschichte. Arminius wurde als erster deutscher National – und Freiheitsheld bezeichnet.

1.3.2 Der Limes

Ab 84 n. Chr. bauten die Römer „den Limes", einen 548 km langen Grenzwall zwischen dem Oberrhein und der Donau, um weitere Einfälle der Germanen zu dämmen. Neben der Funktion als militärisches Frühwarnsystem diente er als Zollgrenzen und seine Grenzübergänge galten als Marktplätze für den Außenhandel mit den Germanen. Die Grenzanlagen prägten in ihrer fast fünfhundertjährigen Geschichte zahlreiche Kulturlandschaften und bildeten die Keimzellen vieler bedeutender Städte. Der Obergermanisch – Raetische Limes sind in Deutschland am bekanntesten. Mit 550 km ist er das längste Bodendenkmal Europas, und der Hadrianswall in Großbritannien

1.3.3 Die friedliche Begegnung

Die Rhein – Limes – Donaugrenze blieb fast 200 Jahre als friedliche Grenze unverändert. Der wirtschaftliche und kulturelle Austausch kam in vielfältigen Hinsichten vor:

1)Zahlreiche lateinische Lehnwörter gingen in die deutsche Sprache ein, z.B. strate - Straße, fenestra - Fenster.

2) Viele Germanen genossen die römische Erziehung und wurden durch römische Bürgerschaft geprägt.

3)Viele Germanen leisteten Dienst als Legionäre im römischen Heer, z.B. Arminius der Cherusker.

4)Viele deutsche Städte z.B. Köln, Trier, Koblenz, Bonn, Regensburg, Augsburg wurden in der römischen Zeit gegründet. Sie wurden zuerst zum militärischen Zweck, später zum Tauschhandel benutzt. Trier war in der spätrömischen Zeit einmal eine der Hauptstädte des Römischen Reiches.

5)Die Römer brachten ihre Zivilisation in die germanischen Gebiete.

1.4　Die Wanderungen germanischer Stämme（2.- 4. Jh.）

Bedrängt durch die Überbevölkerung, Hungersnöte sowie den Einfall der Hunnen im Jahr 375 in Europa, suchten sich die germanischen Stämme neue Orte. Europa befand sich in dieser Zeit in einem ständigen Wechsel der Herrschaft. Die sogenannte Völkerwanderung veränderte Europa grundlegend.

Erst nach dem Sieg über die Hunnen im Jahr 451 sowie dem Niedergang des Römischen Reiches konnten sich die germanischen Stämme festigen.

Neue germanische Reiche entstanden in dieser Zeit: das Ostgotenreich（ca. 488 - 562）, das Burgunderreich（443 - 534）, das Thüringerreich（4.Jh.- 534）, das Langobardenreich（568 - 774）und vor allem das Frankenreich（ab ca. 500）. Diese Reiche führten gegeneinander Kriege und stritten um die Vorherrschaft in Europa.

Das Reich der Franken konnte im 6. Jahrhundert die stärkste Machtposition in（West -）Europa einnehmen. Das Frankenreich erstreckte sich vom heutigen Frankreich über Deutschland bis nach Italien.

Die Angeln und Sachsen drangen nach 450 in Britannieninsel ein, ihr Reich bildete eine der Grundlage des heutigen Englands. Die Reichsbildungen schufen die Grundlage der abendländischen Staatenwelt.

1.5　Der Zusammenbruch des Römischen Reiches

Die Völkerwanderungen der Germanen nach Süd - und Westeuropa, die Einfälle der germanischen Stammverbände im 3. Jahrhundert, und der Einbruch von Hunnen ab 375 aus innerem Asien führten den Untergang des Römischen Reiches. Seit 395 war das Reich in Weströmisches Reich mit der Hauptstadt Rom, und Oströmisches Reich mit seiner Hauptstadt Byzanz (Konstantinopel) geteilt.

Die Germanen wurden erlaubt, als Hilfe in römisches Heer einzutreten, um gegen Hunnen zu kämpfen. Allmählich entschieden germanische Heermeister immer häufiger über die Wahl der Kaiser. Im Jahr 476 setzte der Befehlshaber germanischer Söldner, Odoaker den letzten weströmischen Kaiser Romulus Augustulus (um 463 –?) ab, und nannte sich „König der Germanen in Italien". Das war das Ende des Weströmischen Reiches. Das Oströmische Reich hielt sich als „das Reich von Byzanz" oder das Oströmische Reich bzw. Ostrom bis 1453.

1.6   Der Werdegang des Christentums

1.6.1   Das Christentum im Römischen Reich

Die Juden gehörten seit 63 v. Chr. zum Römischen Reich, und waren überzeugt, dass sie allein den wahren Gott besäßen, und erwarteten die Ankunft eines Messias. Manche von ihnen glaubten, dass Jesus Christus dieser Messias sei. Jesus' Anhänger nannten sich Christen. Nach Christi Kreuztod wirkten die Apostel Petrus und Paulus und die Glaubensgenossen für den neuen Glauben. In wenigen Jahrzehnten bildeten sich viele christliche Gemeinden, und die christliche Lehre breitete sich schnell.

Die langen Briefe von Paulus an die Christengemeinden und die Schriften anderer Zeugen vom Leben Jesus Christi bildeten das *Evangelium* (*die frohe Botschaft* oder das *Neue Testament*). Das *Alte Testament* und *Neue Testament* zusammengenommen heißt gesamt *die Bibel*.

1.6.2   Die Christenverfolgung

Laut christlicher Lehre werden Armen mit Reichen, Sklaven mit Herren gleichgestellt, und die Nächstenliebe und Versöhnung gelehrt. Die Christen waren dagegen, dem Kaiser als Gott zu opfern. Deswegen wurden sie grausam verfolgt. Petrus und Paulus starben im Märtyrertod.

1.6.3   Thron und Altar

Das Christentum gewann im Laufe der Verbreitung jedoch immer an Bedeutung. Es gelang den Kaisern aber nicht, es durch die Verfolgung zu vernichten.

Im Namen aller vier damals regierenden Kaiser gab der Kaiser Galerius (um 250 –

311) im April 311 in Nikomedia das Toleranzedikt aus. *Das Toleranzedikt des Galerius* symbolisierte das Ende der Christenverfolgungen im Römischen Reich.

313 wurde eine Vereinbarung zwischen den römischen Kaisern Konstantin I. (306 – 337), dem Kaiser des Westens, und Licinius (265 – 325), dem Kaiser des Ostens, in Mailand getroffen. Laut der *Mailänder Vereinbarung* haben sowohl den Christen als auch überhaupt allen Menschen freie Vollmacht, der Religion anzuhängen, die ein jeder für sich wählt.

In folgenden Jahren schützten Kaiser die Christen und gaben ihnen hohes Ansehen. Die Christen hielten die Alleinherrschaft des Kaisers für eine gottgewollte Macht, und waren dem Kaiser gehorsam. Durch das Bündnis zwischen „Thron und Altar" konnten sich staatliche Macht und religiöse Gesinnung einander ausnutzen. In folgenden Jahrhunderten blieben jedoch immer Auseinandersetzungen zwischen Staat und Kirche.

1.6.4 Zwei Arten von christlichen Kirchen

Seit dem 4. Jahrhundert setzte das Christentum im ganzen Reich durch, im Jahr 391 wurde es zur römischen Staatsreligion. Der Bischof von Rom bekam den Titel „Papa (Papst)" und die höchste Macht der katholischen Christenheit.

Viele Christen im Oströmischen Reich sprachen Griechisch und nannten sich „orthodox". Sie sahen im Patriarchen von Konstantinopel ihr Oberhaupt, und betonten den kirchlichen Ritus. So entstand die zweite selbständige christliche Kirche „Griechisch – orthodox". Der Streit über die Führung der Christenheit zwischen zwei Kirchen bleibt bis heute.

Übungen Ⅰ.

1. Füllen Sie bitte die Lückenaus!

1) Jeder germanische Stamm wurde von einem _____ verwaltet.

2) Die germanischen Stämme hatten _____ als Schriftzeichen.

3) Die ersten genaueren Informationen über die Völker Nord – und Mitteleuropas sind durch _____ überliefert.

4) Rhein, _____ und _____ blieben fast 200 Jahre als friedliche Grenze zwischen Germanen und Römern unverändert.

5) Die Hunnen fielen im Jahr _____ in Europa ein.

6) Seit _____ war das Reich in _____ mit der Hauptstadt Rom, und Oströmisches Reich mit Hauptstadt _____ geteilt.

7) *Das Alte Testament* und das *Neue Testament* zusammengenommen heißt gesamt

_____ .

8)Seit dem 4. Jahrhundert setzte das Christentum im ganzen Reich durch, im Jahr __

_____ wurde es zur römischen Staatsreligion.

2. Erklären Sie bitte die Begriffe!

1)Das Thing.

2)Der Limes.

3)Das Bündnis von „Thron und Altar".

3. Beantworten Sie bitte die Fragen!

1) Durch welche Völker ist die deutsche Kultur (und die europäische) besonders geprägt?

2)Aus welchen Volksstämmen hat sich Deutschland gebildet?

3)Wie wanderten die germanischen Stämme (2.- 4. Jahrhundert)?

4)Welcher Apostal hat viel mit dem *Evangelium* zu tun?

2 Das Mittelalter (500 – 1500)

2.1 Gliederung des Mittelalters

Das Mittelalter wird in Frühmittelalter (5.– 10.Jh.), Hochmittelalter (11.– Mitte 13. Jh.), und Spätmittelalter (Mitte 13.– Anfang 16. Jh.) gegliedert.

Von dem 5. bis 10. Jahrhundert wurden „die Franken" von den wichtigen Familien: der Merowinger(486 – 751) und der karolinger(751 – 911) regiert.

Ab dem 10. Jahrhundert wurde das „ Heilige Römische Reich" von verschiedenen Familien (Geschlechtern) regiert:

1) Ottonen (919 – 1024), z.B. Otto der Große (936 – 973) oder Otto III. (983 – 1002).

2) Salier (1024 – 1125), z.B. Heinrich III. (1039 – 1056).

3) Staufer (1138 – 1254), z.B. Friedrich I. Barbarossa (1152 – 1189).

4) Habsburger(1439 – 1806).

Ab 1512 wurde die Bezeichnung offiziell „Das Heilige Römische Reich Deutscher Nation".

2.2 Frankenreich

2.2.1 Die Merowinger (486 – 751)

Chlodwig (Ludwig) I. (um 465 – 511) aus der Familie Merowinger war im Jahr 481 König der Franken, und gründete im Jahr 486 das Reich der Franken. Paris war die Hauptstadt. Er nahm im Jahr 498 das Christentum an, damit die katholische Kirche und die römischen Grundbesitzer Galliens, auch das Germanentum und die römische Tradition unter Christentum verbunden wurden. Das war der Beginn des Aufstiegs vom Frankenreich. Nach seinem Tod im Jahr 511 wurde das Reich unter seinen vier Söhnen verteilt.

2.2.2 Die Karolinger (751 – 911)

Im Oktober 732 besiegte Karl Martell (688/689 – 741) aus der Adelsfamilie

Karolinger die Araber in der Schlacht bei Poitiers. Er wurde als Anherr der Dynastie Karolinger angesehen. Seit dem Ende des 7. Jahrhunderts hatte die Adelsfamilie Karolinger größeren Einfluss im Frankenreich. Karl Martells Sohn, Pippin III. (714 – 768) stürzte die Dynastie der Merowinger und machte sich im Jahr 751 zum König der Franken. Die Dynastie der Karolinger begann.

(1) Das Frankenreich unter Karl dem Großen (768 – 814)

Karl der Große (742 – 814), der Sohn vom Pippin III. übernahm nach dem Tod seines Vaters im Jahr 768 den Nordteil des Frankenreiches, nach dem Tod seines Bruders Karlmann im Jahr 771 übernahm er das ganze Frankenreich. Er eroberte weitere Gebiete u. a. Sachsen, Langobardenreich, Herzogtum Bayern, und verbreitete das Christentum in seinem Reich. Der starke germanische Charakter des Reiches beförderte die Entstehung vom Deutschen Reich.

1) Die Kaiserkrönung.

Wegen des Angriffs des Adels in Rom bat der Papst Leo III. (675 – 816) Karl der Große um Hilfe. Zum Dank setzte der Papst am 25. Dezember 800 dem König Karl dem Großen die römische Kaiserkrone auf. Sein Herrschaftsgebiet umfasste beinahe ganz Europa. Auch dadurch wurde Karl der Große für spätere Kaiser zum Ideal, und wurde als „Vater Europas" bezeichnet.

2) Die Regierungsmaßnahmen.

• Das Lehnswesen: Der Kaiser verlieh seinen weltlichen und geistlichen Fürsten das Landgut, das Lehen genannt wurde. Nicht als das Eigentum bekamen die Fürsten das Land, sondern geliehen. Sie schworen dem Kaiser die Treue, leisteten ihm Kriegsdienste, waren in ihrem Territorium relativ selbständig. Die Fürsten verliehen weiterhin das Land an die niederen Adeligen, diese wiederum an die Bauern. Das verliehene Land hieß lateinisch „feudum". Aus dem Lehnsystem kam es zum Ausdruck „Feudalismus", der auch damalige Gesellschaftsordnung schilderte.

• Die Marken: Karl der Große verwandelte die eroberten Grenzgebiete in Marken. Die Marken dienten vor allem zum militärischen Zweck, nach außen konnten sie das Reich schützen, und fremde Länder erobern.

• Die Grafschaften: Karl der Große teilte das Land in Gaue oder Grafschaften ein, und setzte Grafen und Markengrafen für Grenzgebiete ein. Sie verwalteten im Namen des Kaisers eignes Grafgebiet, und führten die Befehle vom Kaiser in Grafschaften durch.

• Die Königsboten: Manche weltlichen oder kirchlichen Beamten wurden zum Königsboten zur Kontrolle der Grafschaften eingesetzt, zogen umher und überprüften die Durchsetzung königlicher Befehle und Gerichtsurteile.

• Die Pfalzen: Das waren die verstreut im Reich liegenden Königshöfe. Karl und seine

Nachfolger zogen von Pfalz zu Pfalz, um die Verwaltung der Grafen zu überprüfen. Aachen war Karls Lieblingspfalz.

• Die Bildung und Kultur: Karl konnte lesen und schreiben. Er sprach Latein und verstand Griechisch, förderte jede Art der Bildung und Künste im Reich. Er gründete an Pfalzen und Bischofssitzen viele Schulen, berief bedeutende Wissenschaftler, Gelehrte und Künstler. Er förderte eine christliche Kultur mit zahlreichen Klostergründungen.

(2) Die Reichsteilung

Nach dem Tod Karls des Großen im Jahr 814 wurde sein Sohn Ludwig der Fromme (778 – 840) vom Papst zum Kaiser gekrönt. Nach Ludwig wurde das Frankenreich im Jahr 843 durch den *Vertrag von Verdun* unter seinen drei Söhnen in drei Teile aufgespalten. Lothar I. (795 – 855) erhielt die Kaiserthron und den Mittelteil von Mittelitalien über Lothringen bis an die Nordsee. Karl der Kahle (823 – 877) bekam das westliche Frankenreich und Ludwig der Deutsche (806 – 876) das östliche.

Nach Lothars Tod teilten Karl und Ludwig durch den *Vertrag von Meerssen* 870 das zwischen ihren Reichen liegende Gebiet auf. 880 folgte noch weitere Teilung durch den *Vertrag von Ribemont*. Aus der Westhälfte Karls des Kahlen wurde Frankreich, aus dem ostfränkischen Reich von Ludwig aber Deutschland, aus dem südlichen Teil des Lotharreiches Italien. Die Karolinger regierten im westlichen Teil bis 987, im östlichen Teil bis 911.

2.3 Die Gründung des Heiligen Römischen Reiches

2.3.1 Konrad I. (? – 918)

Nach der Aufteilung des Frankenreiches erhielt Ludwig der Deutsche den ostfränkischen Teil, d.h. das Gebiet östlich von Rhein und Aare. Ludwig das Kind (893 – 911), der letzte Karolinger Herrscher des Ostfrankenreiches starb 911. Die Adligen von Franken, Sachsen, Bayern und Schwaben wählten einen Frankenherzog, Konrad I. (? – 918) zum König. Seine Weiterführung der Karolinger zentralisierenden Politik mit kirchlicher Unterstützung scheiterte wegen der Opposition der Herzöge von Sachsen, Schwaben, Bayern. Er starb im Jahr 918. Manche Historiker hielten das Jahr 911 für den Beginn der deutschen Geschichte.

2.3.2 Heinrich I. (876 – 936)

Nach Konrads Tod schloss sich das Ostfrankenreich nicht dem Westenfrankenreich an. Der mächtige Sachsenherzog Heinrich I „Vogelfänger" (876 – 936) wurde zum

König gewählt.

(1) Die Befestigung der Macht

Heinrich I. gewann nach innen durch Verhandlungen die wiederstrebenden Herzöge an sich, nach außen zwang er Lothringen durch Kriege, sich seinem Reich anzuschließen.

(2) Der Sieg über die Ungarn

Im 10. Jahrhundert zogen die Ungarn häufig nach Süden und Osten, wobei sie plünderten und mordeten. Da kam es zu militärischen Begegnungen zwischen deutschen Königen und den ungarischen Stämmen. Heinrich I. besiegte 933 die Ungarn in der Schlacht bei Riade an der Unstrut. Dadurch wurde das deutsche Königtum verstärkt.

(3) Das Gemeinschaftsgefühl des deutschen Volkes

In Heinrichs Regierungszeit von 919 bis 936 kam es unter den vereinigten Stämmen zum Gemeinschaftsgefühl. Sie nannten sich „diutisc", aus dem Wort entstand später die Bezeichnung „deutsch". 920 wurde erstmals von einem „Regnum teutonicum" (Deutsche Regierung) gesprochen. Dieses Wort machte jedoch noch keinen Staat. Es fehlte noch an einer gemeinsamen Identität. Die Menschen von Bayern, Sachsen, Franken bestimmten nur die regionalen Einheiten. Trotzdem wurde das Reich von Heinrich I. als „Reich der Deutsch" bezeichnet. Manche Historiker halten das Jahr 919 für den Beginn der deutschen Geschichte.

2.3.3 Otto der Große (912 – 973)

Nach Heinrichs Tod wurde sein Sohn Otto I. (912 – 973) im Jahr 936 von den Herzögen zum König gewählt. Er führte langjährigen Kampf gegen die rebellischen Herzöge, zog durch geschickte Heiratsverbindung die Herzogtümer an sich, und dehnte das Reich immer weiter aus.

(1) Die Reichskirchenpolitik

Bereits sorgte Karl der Große dafür, dass sich das Christentum in seinem Reichaus-breiten konnte. Die folgenden Herrscher bauten die Stellung der Kirche aus. Sie wollten die Kirche als ein Instrument benutzen, um die vier Herzogtümer von Sachsen, Bayern, Schwaben und Franken zu schwächen.

Otto I. wandte sich an die Geistlichen, um gegen die widerstrebenden Herzöge zu kämpfen. Er verlieh den Geistlichen die Reichsgüter, Lehen und die weltlichen Herrschaftsrechte, ernannte sogar selbst die Bischöfe und setzte sie ins Amt. Daher kamen die sogenannten „geistlichen Reichsfürsten" vor. Weil die geistlichen Fürsten nicht heiraten durften und keine Kinder hatten, konnte der König den Nachfolger frei wählen und ernennen. Dies führte später aber zum Streit mit dem Papst, dem sogenannten „In-vestiturstreit". Die Macht der Kirche regte später auch den Konflikt zwischen staatlicher （weltlicher）und kirchlicher（geistlicher）Gewalt.

（2）Der Sieg über die Ungarn

Im August 955 unterwarf Otto in der Schlacht auf dem Lechfeld bei Augsburg die Ungarn. Sein Ansehen stieg noch mehr.

（3）Die Gründung des Heiligen Römischen Reiches

Als der Papst Johannes XI. Otto um die Hilfe gegen die aufständischen Fürsten bat, zog Otto nach Rom und leistete die militärische Hilfe. Da ließ er sich im Jahr 962 vom Papst zum „Römischen Kaiser" krönen, und dann wurde er auch „Otto der Große" genannt. Das Heilige Römische Reich wurde auch dadurch gegründet, das bis 1806 betsand.

（4）Die Italienpolitik

Seit Ottos Krönung im Jahr 962 begann die Italienpolitik. Zur Kaiserkrönung durch den Papst musste sich der König nach Rom begeben. Die deutschen Könige konnten 300 Jahre lang ihre Herrschaft in Ober – und Mittelitalien behaupten. Dadurch wurden jedoch die wichtigen Aufgaben im Reich vernachlässigt.

Seit Otto I. verband sich das Kaisertum mit dem deutschen Königtum bis 1806. Er besaß das höchste Ansehen unter allen Königen von Europa und galt als das Symbol von wiedererstandenen Römischen Reich. Da wurde Ottos Reich ab der 2. Hälfte des 12. Jahrhunderts „Heiliges Römisches Reich" genannt. Nach dem Verlust der italienischen Gebiete wurde es dann „Heiliges Römisches Reich Deutscher Nation". In der Geschichtsbeschreibung gilt dieses Reich als das erste deutsche Kaiserreich.

（5）Die Einzelinteressen der vier Herzogtümer

Bereits mit dem Beginn des Deutschen Reiches im 10. Jahrhundert zeigten sich die starken Einzelinteressen der vier wichtigsten Herzogtümer von Sachsen, Bayern, Schwaben und Franken. Sie wollten sich nicht mehr einer großen Gewalt unterordnen, wählten den König und hatten somit ein großes Mitspracherecht, was auch häufig zu Konflikten führte.

2.4 Die Machtkämpfe zwischen Kaisertum und Papsttum

2.4.1 Die Vormacht des Kaisertums gegenüber dem Papsttum

（1）Die Laieninvestitur

Seit Otto dem Großen waren die deutschen Könige gleichzeitig Kaiser. Die Kaiser und die weltlichen Landesfürsten hatten das Recht, Bischöfe und Äbte einzusetzen und über die kirchlichen Angelegenheiten mitzuentscheiden.

2 Das Mittelalter (500 – 1500)

(2)Die Vormacht des Kaisertums

Die Päpste waren bis 11. Jahrhundert von den Kaisern abhängig und hatten geringen Einfluss. Unter Karl dem Großen und Otto dem Großen lag die Herrschaft über Reich und Kirche in einer Hand von Kaisern.

Nach dem Rückgang des Kaisertums bei Ottos Nachfolgern gewann es unter den Saliern (1024 – 1125) wieder Bedeutung. Da bestand das Reich aus drei großen Teilen, nämlich deutschem, italienischem, burgundischem Gebiet. Heinrich III. (1039 – 1056) besiegte die Herzöge von Bayern und Lothringen und festigte innenpolitisch seine königliche Macht. Um in seinem Reich die Kontrolle über Politik und Religion zu gewinnen, beanspruchte er weltliche und geistliche Macht und führte Bischöfe ins Amt ein (Investitur). Gegenüber dem Papsttum stand Heinrich III. auf dem Höhepunkt des deutschen Kaisertums.

2.4.2　Der Aufschwung des Papsttums gegenüber dem Kaisertum

(1)Der Aufschwung des Papsttums

Im 11. Jahrhundert stärkte sich wieder das Papsttum durch Reformbewegungen. Besonders schuf die Cluny – Bewegungaus der französischen Benediktinerabtei Cluny im 10. Jahrhundert die Grundlage für den Aufstieg der weltbeherrschenden Macht des Papsttums im Hochmittelalter im 12. und 13. Jahrhundert.

(2)Der Investiturstreit zwischen Kaiser und Papst

Wegen des Aufschwungs des Papsttums im 11. Jahrhundert wollten die Päpste nicht mehr von den Kaisern abhängig sein. Sie forderten das Recht zur Investitur vom Kaiser. Die partikularen Fürsten unterstützten die Päpste, um eigene Macht auszubreiten. So kam es immer zu heftigem Streit zwischen dem Papsttum und Kaisertum. Der Höhepunkt des Investiturstreits war „der Bußgang nach Canossa“.

(3)Bußgang nach Canossa 1077

Gregor VII. (1020 – 1085) wurde 1073 Papst.Er vertrat die kluniazensische Reform und bestrebte sich nach der Übermacht vom Papsttum gegenüber dem Kaisertum. Er lehrte, dass die Kirche nicht die Dienerin des Reiches, sondern der Kaiser der Diener des von Gott gekrönten Papstes sei. Und die Investitur sei aufzuheben.

Heinrichs IV. Sohn, König Heinrich IV. (1050 – 1106) wies den Anspruch von Gregor VII. ab, und erklärte im Januar 1076 den Papst für abgesetzt. Hingegen sprach der Papst übte Heinrich die härteste Strafe, den Kirchenbann aus. Weil die rebellischen Fürsten die Gelegenheit ausnutzen wollten, den Kaiser umzustürtzen, geriet Heinrich IV. in Gefahr. Um den Thron zu bewahren, zog Heinrich IV. im Winter als Büßer über die Alpen nach Canossa in Norditalien, und wartete im Schnee barfuß vor der Burg, wo sich der

Papst aufhielt. Nach drei Tagen löste der Papst am 28. Januar 1077 Heinrich vom Bann. Heinrichs IV. Macht wurde in den nachfolgenden politischen Kämpfen geschwächt, er musste 1105 zurücktreten.

Der Bußgang nach Canossa wurde als Symbol der Unterwerfung der weltlichen Macht gegenüber der geistlichen.

（4）*Das Wormser Konkordat* 1122

Der Investiturstreit dauerte noch an. Am 23. September 1122 wurde *das Wormser Konkordat* zwischen dem Kaiser Heinrich V. (1081 - 1125) und dem Papst Galixtus II. (? - 1124) abgeschlossen. Das deutsche Kaisertum verlor seinen Einfluss auf die deutsche Reichskirche, der König verlor an Ansehen. Seither standen der Kaiser und der Papst gleichrangig gegenüber. Die Bischöfe wurden zu geistlichen Reichsfürsten, einer neuen Macht.

2.5 Der Glanz und Niedergang des deutschen Kaisertums

2.5.1 Der Glanz des deutschen Kaisertums unter Staufern (1138 - 1254)

Unter den Staufern erreicht das „Heilige Römische Reich" die größte Macht. Es kam jedoch zu innenpolitischen Konflikten, in die sich auch der Papst einmischte.

（1）Friedrich I. Barbarossa (1122 - 1190)

Friedrich I. (1122 - 1190), auch von Italienern wegen seinen rötlich - blonden Bartes „Barbarossa" genannt, wurde 1155 zum Kaiser gekrönt.

1）Die Italienpolitik.

Trotz des *Wormser Konkordates* dauerte der Gegensatz zwischen Kaiser und Papst immer weiter. Beide Seiten strebten nach der Oberherrschaft über die Christenheit und Italien, das reiche Gebiet in Europa. Barbarossa führte von 1154 bis 1186 sechsmal Eroberungszüge nach Italien durch und stieß heftige Widerstände vom Papsttum und den lombardischen Städten. Nach der Niederlage bei Legnano 1176 schloss Barbarossa 1177 in Venedig Frieden mit dem Papst und 1183 in Konstanz mit den lombardischen Städten. Dadurch wurde seine Oberherrschaft locker anerkannt. Seine Italienpolitik scheiterte.

2）Der Sieg über Heinrich den Löwen.

Heinrich der Löwe (1129 - 1195), Barbarossas Vetter, stammte aus Welfen, war Herzog von Bayern und Sachsen, und auch der mächtigste Fürst. Er weigerte sich, dem Eroberungszug vom Kaiser nach Italien zu folgen, wurde 1180 von Barbarossa gestürzt.

3）Barbarossas Tod.

Barbarossa betrachtete sich als Schutzherr der Christenheit. Er führte 1189 das 3. Kreuzzug, starb am 10. Juni 1190 im Fluss Saleph auf dem Weg nach Palästina.

Friedrich I. Barbarossa stellte wieder den Frieden im Reich her, bewahrte die Einheit des Reiches, wurde deswegen als die Verkörperung deutscher Zusammengehörigkeit angesehen. Unter seiner Herrschaft erlebte das deutsche Kaisertum wieder eine Glanzzeit.

(2) Heinrich VI. (1165 – 1197)

Unter Heinrich VI., dem Sohn Friedrichs I. erreichte das Reich die größte Ausdehnung: deutsches Gebiet, Oberitalien, Burgund und Sizilien.

(3) Friedrich II. (1194 – 1250)

Heinrichs VI. Sohn, Friedrich II. wurde 1220 zum Kaiser. Seine Gegnerschaft zum Papsttum verwandelte sich in einen Macht – und Propagandakrieg. Die Propaganda für den Kaiser sah ihn als letzten Kaiser der Weltgeschichte mit messianischen Zügen. Die päpstliche Propaganda schilderte ihn als den gefährlichsten Feind, das Untier der Apokalypse, den Antichristen. Nach seinem Tod 1250 ging die deutsche Herrschaft über Italien zu Ende.

2.5.2 Der Niedergang des Kaisertums

Nach dem Tod von Friedrich II., dem letzten Stauferkaiser, wurden die Fürsten wieder mächtiger. Das Reich zerfiel in viele einzelne Herrschaftsgebiete, über die die Fürsten herrschten. Der Glanz des Kaisertums unter Staufern endete.

(1) Das Interregnum (1254 – 1273)

Vor dem Tod von Konradin (1252 – 1268), dem letzten Staufer, war das Reich von 1254 bis 1273 schon in einer kaiserlosen Zeit. Das lateinische Wort „ Interregnum " bedeutet „Zwischenherrschaft", die die Zeit vom Tod eines Herrschers bis zur Wahl des Nachfolgers gemeint ist.

(2) Das Eintreten der Habsburger (1273 – 1918)

Die Habsburger waren ursprünglich Grafen in der Schweiz und im Elsass. Rudolf I. (1218 – 1291) wurde am 24. Oktober 1273 zum Kaiser gekrönt, erhielt 1282 Österreich und die Steiermark. Von 1438 bis 1740 und von 1745 bis 1806 behielten die Habsburger die Kaiserkrone. 1556 spalteten sich die Habsburger in einen spanischen und österreichischen Teil. Von 1804 bis 1918 kamen die österreichischen Kaiser auch von ihnen.

(3) Die *Goldene Bulle*

Nach dem Zusammenbruch des Stauferreiches erließ 1356 Kaiser Karl IV. (1316 – 1378) die *Goldene Bulle*. Laut der wurden alle Rechte und die unabhängige Herrschaft der Fürsten bestätigt. Sieben mächtige geistliche und weltliche Fürsten wurden berechtigt, deutschen König zu wählen. Die Erzbischöfe von Köln, Mainz und Trier, der rheinische Pfalzgraf, der Markgraf von Brandenburg, der Herzog von Sachsen und der König von Böhmen wurden daher Kurfürsten genannt. Die *Goldene Bulle* symbolisierte den

Untergang des Kaisertums gegenüber den Fürsten im Reich.

2.6 Die Ostkolonisation

Im 12. Jahrhundert strebten die meisten Söhne der deutschen Fürsten und Landesherren danach, die fremden Länder zu erobern, weil nur der älteste Sohn den väterlichen Besitz erbte. Die Fürsten und Landesherren wollten auch sich mehr Land verschaffen. Die geistlichen Fürsten wollten die Slawen zum Christentum bekehren. Alle begannen, nach Osten vorzudringen.

(1)Der Vorgang

1147 führte Heinrich der Löwe mit sächsischen Adligen Slawenkreuzzüge gegen die Obodriten und Lutizen. Wegen heftigen Widerstandes von slawischen Stämmen zogen sie sich zurück. Durch nachfolgende Eroberungszüge im 12. Jahrhundert erhielten die deutschen Landesfürsten die Gebiete. Sie richteten die Fürstentümer Mecklenburg und Brandenburg ein, und überschritten die Oder und besetzten weiter viele Gebiete.

Die Ostkolonisation wurde seit der zweiten Hälfte des 14. Jahrhunderts infolge der Pest von 1348 und den nationalen Widerständen nicht mehr so intensiv unternommen.

(2)Die Besonderheiten

1)Nach den militärischen Eroberungen kam es auch zu friedlichen Besiedlungen in Mecklenburg, Ostbrandenburg, Pommern, Schlesien und Nordmähren. Alle weltlichen und geistlichen Stände des Reiches waren an der Kolonisation beteiligt, mit den Fürsten kamen auch deutsche Bauern und Kaufleute in die besetzten Gebiete, um das ode Land zu kultivieren.

2)Viele Einheimischen nahmen mit der Zeit die deutsche Sprache und Kultur an. Aus neuen Siedlungen entwickelten sich später viele Städte: Lübeck, Stralsund, Rostock, Wismar und Schwerin an der Ostsee und südlich Brandenburg, Chemnitz, Dresden, Leipzig.

(3)Die Bedeutung der Ostkolonisation in deutscher Geschichte

Seit der Ostkolonisation teilte nicht mehr der Rhein, sondern die Elbe, das deutsche Gebiet in fast zwei gleich große Teile. Um 200 000 km^2 wurde das Siedlungsgebiet nach Osten erweitert. Aus der Verschmelzung von Menschen aller deutschen Stämme und ihrer Vermischung mit den einheimischen Slawen entstanden neue Stämme: Westpreußen, Ostpreußen, Pommern, Mecklenburg, Schlesier und Sudetendeutsche.

In den späteren Jahrhunderten hatten Deutsche und Slawen auf den Ostgebieten große Leistung in der Kultur und Wirtschaft. Östliche Gebiete wie Preußen und Österreich übernahmen schließlich die politische Führung des Reiches.

2.7　Der deutsche Ritterorden

Während der Kreuzzüge schlossen sich die Ritter mit gemeinsamen Zielen und Idealen zu Gruppen zusammen. Daraus kamen die Ritterorden vor. Barbarossas Sohn, Herzog Friedrich von Schwaben gründete 1191 vor Akkon den deutschen Ritterorden. 1226 führte der Hochmeister Hermann von Salza (1165 – 1239) den Orden im Auftrag von polnischen Fürsten nach Preußen. Der Orden kämpfte seit 1230 gegen die Preußen und Litauer, herrschte seit 1237 über Livland und Kurland, erlitt 1242 bei der Schlacht gegen die Nowgoroder unter Fürst Alexander Newski (1221 – 1263) auf dem Eis der Peipussees Niederlage. Von 1308 bis 1309 gewann der Ritterorden Pommerellen (Westpreußen) mit Danzig. Er weigerte sich nach dem Sieges über Preußen abzuziehen, und gründete 1309 einen eigenen Deutschordensstaat. 1346 gewann er Estland. Seit Ende des 14. Jahrhunderts wurde die Spannung zwischen dem Polen – Litauen und dem Ordensstaat heftiger. Am 15. Juli 1410 wurde der Deutschritterorden in der Schlacht bei Tannenberg von polnisch – litauisch – russischem Heer unter dem polnischen König Wladyslaw II. (1362 – 1434) gebrochen. Die Macht der deutschen Ritter im Ostseeraum brach zusammen.

2.8　Die Ständeordnung

(1) Die Herkunft der Ständeordnung

Vom Mittelalter bis zur frühen Neuzeit gliederte sich die Gesellschaft Europas in mehrere Stände, auch Geburtsstände genannt. Stände sind gesellschaftliche Gruppen, die durch rechtliche Bestimmungen (Vorrechte oder Benachteiligungen) klar voneinander abgetrennt sind. Während der Zeit der Karolinger entwickelte sich das Ständewesen aus der frühmittelalterlichen Ranggesellschaft nach dem Vorbild des Römischen Reiches.

(2) Die Grenzen des Standes

Die Ständische Grenzen lagen vor allem in unterschiedlicher Herkunft. Die einfachste Vorstellung unterschied nur Obrigkeit und Untertanen. Dieselbe Person konnte deswegen in ihren Beziehungen zu verschiedenen Mitgliedern der ständischen Gesellschaft gleichzeitig Obrigkeit und Untertan sein. Der Adlige war zum Beispiel Herr über die Bauern seiner Grundherrschaft und ebenso Untertan des Königs.

(3) Die Ständepyramide

Aus der Perspektive der Ständepyramide stand der Kaiser oder der König an der Spitze und nach ihm die Fürsten, bei den Geistlichen der Papst und nach ihm die Bischöfe. Im dritten Stand dagegen war die große Mehrheit der Bevölkerung, die keine oder nur sehr wenige Herrschaftsrechte (zum Beispiel gegenüber dem Gesinde) besaß.

(4) Die Drei – Stände – Ordnung und die Ständeaufgaben

Die Drei – Stände – Ordnung in Frankreich war zum Beispiel verbreitet, d.h.:

1) Der Erste Stand (Lehrstand) umfasste die Geistlichen, nämlich die Angehörigen der hohen Geistlichkeit wie auch des niederen Klerus.

2) Der Zweite Stand (Wehrstand) bestand aus Mitgliedern des Adels, einschließlich des Hochadels, niederen oder verarmten Landadels.

3) Der Dritte Stand (Nährstand) bezog sich auf alle freien Bauern, später auch die freien Bürger.

Den drei Hauptständen waren bestimmte Aufgaben zugewiesen. Der erste Stand sorgte für das Seelenheil, der zweite Stand sollte Klerus und Volk gegen Feinde verteidigen. Die Aufgabe des dritten Standes war die Arbeit.

(5) Die Festigkeit der Stände

Das ständische System ist ein statisches Gesellschaftsmodell, und galt den Menschen als feste, von Gott gegebene Ordnung, in der jeder seinen unveränderlichen Platz hatte. Jeder im Adel oder dem dritten Stand erbte zunächst den Stand seines Vaters. Ein Wechsel zwischen Ständen war nicht unmöglich, tatsächlich jedoch selten. Verdienst oder Reichtum hatten kaum Einfluss auf die Ständezugehörigkeit.

Entsprechend der Stellung in der Gesellschaft hatte man einestandesgemäße Lebensweise. Im Mittelalter unterwarf sich jeder Stand zum Beispiel auch den bestimmten Kleidungsvorschriften.

2.9   Die Städte und das Bürgertum im Spätmittelalter

(1) Die Herkunft der deutschen Städte

Im Hochmittelalter von 1000 bis 1340 stieg die Bevölkerungszahl von 4 Mio. auf 11,5 Mio. an, dies führte zur Armut und Lebensmittelnot. Neue Siedlungen entstanden daher im Osten des Reiches. Die Kulturen vom Ost und West näherten sich an, viele neue Dörfer und Städte entstanden.

Die Städte kamen dort vor, wo sich viel Macht von Bischöfen, Fürsten befand. Kaufleute deckten den Bedarf der Herrscher an Luxuswaren wie z.B. Stoff, Schmuck, Genusswaren u.a. Der König schützte Orte, an denen viel Handel betrieben wurde.

(2) Die Städtebünde und die „deutsche Hanse"

1) Die Städte gewannen an Macht und Einfluss. Teilweise besaßen sie viel Unabhängigkeit und waren reich. Vom Land zogen viele Menschen in die Städte. Mit dem Untergang der Kaisermacht schlossen die Städte seit 1226 immer wieder Bündnisse, um

sich vor den Überfällen durch Räuber zu schützen, ihren Einfluss zu sichern oder Krisen zu überwinden. Die Fürsten waren gegen diese Bündnisse, weil sie ihre Macht herausforderten.

Bis 1254 schlossen sich mehr als 70 süddeutsche Städte dem „Rheinischen Städtebund" unter Mainz an. 1331 wurde im Süden des Reiches der „Schwäbische Städtebund" aus 89 Städten unter Führung Ulms gegründet.

2) Unter allen Städtebünden war die „deutsche Hanse" der wichtigste. 1241 schlossen die reichen Kaufleute in den Städten Lübeck und Hamburg ein Bündnis. Später wurde das Bündnis zum noch größeren Bund aus mehr Städten an Nord – und Ostseeküsten, z.B. Rostock und Wismar. Der Bund wurde auch „Deutsche Hanse" genannt. Um 1400 fasste sie rund 100 Städte um, Lübeck hatte den Vorsitz in der Hanse. Hamburg, Köln, Bremen, Danzig und Braunschweig spielten wichtige Rolle. Manche Städte außerhalb des deutschen Kaiserreiches z.B. Wisby und Riga waren auch Mitglieder. Regelmäßig fanden die Hansetagen statt, die Handelverträge wurden auch dabei geschlossen.

(3) Die Entstehung des Bürgertums

Neben dem Adel, den Geistlichen und dem gewöhnlichen Volkaus Bauern, Handwerkern o.ä. entwickelte sich in den Städten langsam eine neue Bevölkerungsschicht: das Bürgertum, das vor allem aus Kaufleuten gebildet wurde.

2.10 Das Bildungswesen und die Baustile im Mittelalter

2.10.1 Das Bildungswesen im Mittelalter

Im Mittelalter gab es nicht viele Schulen, und sehr wenige Menschen, die lesen und schreiben konnten. Die Kirche hatte die wichtigste Rolle in der Bildung der Menschen. Sie bestimmte über die Bildungsinhalte und bildete vor allem ihr eigenes Personal z. B. Priester, Mönche aus. Dazwischen wurden die Bildung und Religion eng verbunden.

Die Kaufleute wollten einen eigenen Bildungsweg und gründeten eigene Schulen. Universitäten entstanden in ganz Europa (z.B. Paris 1200; Prag 1348), und wurden zu den wichtigsten Bildungseinrichtungen.

Ab dem 14. Jahrhundert wurden die ersten „deutschen Schulen" gegründet. Dort wurde in deutscher Sprache unterrichtet. Deswegen wurde die deutsche Sprache ausgebreitet.

Die Erfindung des Buchdrucks durch Johannes Gutenberg (1400 – 1468) 1455 in Mainz ermöglichte, viele Bücher zu drucken. Bücher wurden preiswert und verbreiteten sich über ganz Europa, dadurch wurde die Bildung leichter als vorher zugänglich.

2.10.2　Die Baustile des Mittelalters

Bis zum Beginn des 13. Jahrhunderts wurden Kirchen und Dome im romanischen Stil gebaut, z.B. der Dom zu Speyer. Die Rundbogen und kleine Fenster sind das Kennzeichen dieses Stils.

Von 1250 bis 1450 spielte gotischer Stil eine wichtige Rolle. Schlanke, aufstrebende Mittelschiffe, Strebepfeiler und große Fenster mit Glasgemälden, hohe Spitztürme mit kunstvoller Gliederung, prachtvolle Schnitz – oder Steinfiguren sind kennzeichend für die Kirchen und Dome im gotischen Stil, z.B. der Dom zu Freiburg, Kölner Dom.

2.11　Die Verfolgung der Juden

Juden arbeiteten vor allem als Kaufleute und besaßen oft viel Geld, deswegen kam es immer zum sozialen Neid gegenüber ihnen. Weil Juden Schuld am Tod von Jesus Christus haben sollten, wurden sie auch als „Christusmörder" beschimpft. Das deutsche Reich litt im Mittelalter häufig unter Hungersnöten und schweren Krankheiten z.B. Pest. Seit dem 11. Jahrhundert wurden Juden für diese Krisen verantwortlich gemacht. Das alles führte zur Verfolgung der Juden. Sie wurden verfolgt, ermordet oder diskriminiert, auch häufig aus dem Land geworfen. Um 1500 gibt es kaum noch jüdische Gemeinden im Reich.

Übungen II.

1. Füllen Sie bitte die Lücken aus!

1) Das von Karl dem Großen geschaffte und regierte Reich hieß _____ . Der Papst setzte am 25. Dezember im Jahr _____ dem König Karl die römische Kaiserkrone auf. Sein Herrschaftsgebiet umfasste beinahe ganz Europa. Er wurde als „ _____ " bezeichnet.

2) Aus dem _____ kam der Ausdruck „Feudalismus", der auch damalige Gesellschaftsordnung schilderte.

3) Nach dem Tod von Karl des Großen wurde das Frankenreich im Jahr 843 durch den _____ in drei Teile aufgespaltet.

4) Das Reich von Heinrich I. wurde als „Reich der Deutschen" bezeichnet. Manche Historiker halten das Jahr _____ für den Beginn der deutschen Geschichte.

5) Heinrich I. besiegte 933 _____ in der Schlacht bei Riade an der Unstrut.

6) Otto ließ sich im Jahr _____ vom Papst Johannes XII. zum „Römischen Kaiser" krönen und wurde auch „Otto der Große" genannt. Dadurch wurde das _____ Reich gegründet. Ab 1512 wurde die Bezeichnung offiziell „ _____ ".

7)　_____　galt als die Verkörperung deutscher Zusammengehörigkeit für das deutsche Volk im Mittelalter.

8)Am 23. September 1122 wurde das _____ zwischen dem Kaiser Heinrich V. und dem Papst Galixtus II. abgeschlossen.

9)Das Heilige Römische Reich war von _____ bis _____ schon in kaiserloser Zeit.

10)Karl IV. erließ 1356 die „_____", laut der wurden alle Rechte und die unabhängige Herrschaft der Fürsten bestätigt.

11)Am 15. Juli 1410 wurde der Deutschritterorden in der Schlacht bei _____ von dem polnisch－litauisch－russischen Heer gebrochen. Die Macht der deutschen Ritter im Ostseeraum brach zusammen.

12)Ab dem _____ Jahrhundert wurden die ersten „deutschen Schulen" gegründet.

13)Die zwei Städte _____ und _____ blieben bis in die Gegenwart hinein „Freie Hansestädte".

14)1250－1450 spielte _____ Baustil eine wichtige Rolle.

2. Erklären Sie bitte die Begriffe!

1)Die Lehnswesen.

2)Die Kreuzzüge.

3)Der Investiturstreit.

4)Bußgang nach Canossa.

5)Die deutsche Hanse.

3. Beantworten Sie bitte die Fragen!

1)Nennen Sie bitte mindestens zwei Geschlechter, die den deutschen（römischen）Kaiser gestellt haben!

2)Nennen Sie mindestens drei mustergültige Ordnungen im Frankenreich!

3)Wie entwickelte sich das Frankenreich unter Karl dem Großen（768－814 n. Chr.）?

4) Nennen Sie vier deutsche Wirtschaftsgebiete im Spätmittelalter!

5) Wie waren die Krisen im Hochmittelalter und die Verfolgung der Juden?

3 Die Neuzeit (1500 – 1914)

3.1 Heiliges Römisches Reich deutscher Nation im 16. Jahrhundert

(1) Die neuen Erfindungen und Entdeckungen

Die neuen Erfindungen und Entdeckungen veränderten die mittelalterliche Welt. Ab 12. Jahrhundert kamen die Erfindungen wie das Papier, das Schießpulver, der Buchdruck und der Kompass aus China nach Europa. Sie hatten großen Einfluss auf die europäische wissenschaftliche und gesellschaftliche Entwicklung. Christopher Columbus (1451 – 1506) entdeckte 1492 Amerika, Johannes Gutenberg (um 1400 – 1468) erfand den Buchdruck im Westen. Nikolaus Kopernikus (1473 – 1543) und Galileo Galilei (1564 – 1642) fanden, dass die Erde nicht mehr der Mittelpunkt des Universums sei. Das menschliche Weltbild wurde dadurch verändert.

(2) Humanismus und Renaissance

Die Gebildeten der Renaissance studierten die klassischen Quellen der Religion und Philosophie und hinterfragten die katholische Kirche. Sie schilderten das Leben nicht wie die Kirche des Mittelalters als die Vorbereitung auf das Jenseits, sondern zeigten, wie der Mensch seine Fähigkeiten entwickeln und seine Kräfte entfalten, wie er die Welt gestalten und verändern kann. Die neuen Ideen, nämlich die Wendung zum Diesseits, setzten sich durch, und wurden unter dem Begriff „Humanismus" zusammengefasst.

Durch die Künstler z. B. Raffaello Santi (1483 – 1520), Leonardo da Vinci (1452 – 1519), Michelangelo Buonarroti (1475 – 1564) u.a. wurden die religiösen Motive von weltlichen Themen zurückgedrängt. Das Mittelalter ging in die Neuzeit über. Die katholische Kirche verlor an Einfluss auf die Menschen. Ein „aufgeklärtes Zeitalter" begann.

(3) Das Verhältnis im Heiligen Römischen Reich

Bis 1618 stieg die Bevölkerungszahl im Reich auf 19 Millionen. Missernten bedrohten die Ernährung. Seuchen breiteten sich aus. Das Leben der Menschen wurde unsicherer. Die

Menschen suchten nach neuen Sicherheiten. Viele neue Lehren entstanden, Prediger zogen durch das Land und versprachen Verbesserungen oder Veränderungen.

Äußere Bedrohungen kamen vor. Frankreich und Skandinavien stärkten sich. Aus dem Südosten zogen die Türken nach Europa. Nationalistische Bestrebungen bedrohten die Einheit des Heiligen Römischen Reiches. Der deutsche Kaiser verlor immer mehr Macht an die Landesfürsten.

3.2 Martin Luther und die Reformation

(1)Die Ursachen der Reformation

1)Der Ablasshandel.

Um 1500 war jeder zehnte Bewohner im Heiligen Römischen Reich ein Geistlicher. Viele von ihnen arbeiten nicht, lebten müßig hinein. Der Papst führte auch ein prunkvolles Leben.

Die Geistlichen, vor allem der Papst, nutzte die Unwissenheit der Menschen aus, um zu Reichtum zu kommen. Sie verlangten absolute Gehorsamkeit von den Menschen. Der Papst behauptete, dass die Sündenstrafen durch einen Ablasszettel verkürzt und verringert werden könnten, wenn man eine Summe Geld dafür zahle. Der Papst erließ immer häufiger neue Ablässe, und die Mönche verkauften sie rücksichtslos im ganzen Land. Das brachte viel Geld ein.

2)Die Zersplitterung des Reiches.

Im Machtkampf zwischen Kaisertum und Papsttum unterstützten die Landesfürsten die Päpste, um eignes Interesse zu vergrößern. Dadurch wurde die Zentralmacht der Kaiser immer geschwächt. Zu Beginn des 16. Jahrhunderts war das Reich in viele kleine Länder zersplittert. Der Papst nutzte die politische Zersplitterung aus, und schickte zahlreiche Mönche mit Ablasszetteln in die deutschen Länder. Große Summen Geldes flossen nach Rom zum Papst.

3)Der Ruf nach Reformen.

Gegen die Missstände der Kirche stellten die Humanisten mit neuem Wissen höhere Ansprüche an die Kirche. Die Bürger und die Bauern hassten die durch wirtschaftliche Vorrechte lebenden Geistlichen. Die Adligen und Fürsten beneideten die Geistlichen um ihren wachsenden Besitz. Eine wachsende Minderheit von gebildeten Priestern stellte die schärfste Kritik an die Kirche, und rief nach den kirchlichen Reformen.

(2)Martin Luther (1483 – 1546)

Martin Luther studierte in Erfurt, trat 1505 den Augustinermönchen bei und studierte ab 1507 Theologie. Er war von den Gedanken der Humanisten beeinflusst. Ab 1512 wurde

Luther Professor für Theologie, zugleich auch Prediger.

(3) Der Anfang der Reformation

Luther protestierte gegen den Ablasshandel der katholischen Kirche, den er als ein Verbrechen, als eine Lüge beschrieb. Mit dem Ablass konnte sich jeder Katholik von seinen Sünden, seinen Fehlern frei kaufen. Er wurde im Himmel nicht mehr so stark bestraft werden.

Am 31. Oktober 1517 veröffentlichte Luther gegen den Ablasshandel die sogenannten *95 Thesen* und wurde damit in den deutschen Ländern bekannt. Das war der Anfang der Reformation und der deutschen frühbürgerlichen Revolution.

(4) Die Entwicklung der Reformation

Luther erhielt viel Zustimmung von verschiedenen Reichsfürsten, dem Stadtbürgertum und den Humanisten, aber auch starke Ablehnung von der katholischen Kirche.

Da er die Macht der Kirche in Frage stellte, drohte 1521 die katholische Kirche Luther mit einem Ketzerprozess auf dem Reichstag von Worms. Als Reaktion darauf festigte Luther seine Theorie und machte Vorschläge, wie die katholische Kirche zu verändern, zu reformieren sei (Reformation).

Da Luther sich den Drohungen der Kirche und des Kaisers Karls V. nicht beugen wollte, wurde über ihn der Bannfluch[①] verhängt.

Luther hatte jedoch starke Unterstützer unter den Fürsten im Osten des Reiches. Sie schützten ihn und übernahmen seine Ideen. Einer davon war Friedrich III. (1463 – 1525), der auch „Friedrich der Weise" genannt wurde. Er verbarg Luther in Wartburg.

(5) Luthers Lehre und wichtige Schriften

1) Luther behauptete, dass die Kirche wieder stärker auf die Bedürfnisse der Menscheneingehen und nicht so viele Reichtümer anhäufen sollte. Die Seelsorge und Bildung des Menschen sollten im Vordergrund stehen. Die Kirchen sollten sachlicher werden. Es solle weniger Geld für schöne Gebäude und Bilder ausgegeben werden.

2) Durch das Studium *der Bibel* kam Luther zur Auffassung: Der Mensch könne nicht durch gute Werke, sondern nur durch den Glauben die Gnade von Gott erlangen. Der Weg zu Gott sei ein persönlicher und der Gläubige bedürfe der Vermittlung der Kirche nicht. Die unmittelbare Glaubensbeziehung zwischen Gott und Menschen mache jede priesterliche Mittlerschaft unnötig. *Die Bibel* sei einzigartige Glaubensgrundlage.

3) Zu Luthers wichtigen Reformationsschriften gehörten *95 Thesen* (1517), *An den christlichen Adel deutscher Nation* (1520), *Von der Babylonischen Gefangenschaft der Kirche* (1520), *Von der Freiheit eines Christenmenschen* (1520).

---

① Bannfluch = vogelfrei; Luther kann von jedem ohne Strafe getötet werden.

In den meisten Ländern im Reich wurden Luthers Ideen bemerkt und auch gefeiert. Luther fand viele Unterstützer, die seine Ideen verbreiteten. Die reformatorische Bewegung festigte sich.

（6）Luthers Haltung zur Politik und Revolution

Viele seine Unterstützer wollten auch gegen den Adel und die Kirche ankämpfen und ein neues politisches System einrichten. Trotzdem hatte Luther eine gemäßigte Haltung. Er wollte die katholische Kirche reformieren, aber keine Revolution. Seine Position enttäuschte auch viele Anhänger.

（7）Luthers Übersetzung *der Bibel*

Während Luther sich in Wartburg vor dem Bannfluch schützte（1521/1522）, übersetzte er *das Neue Testament* ins Deutsche.

Dieses Buch wurde großer Erfolg in den deutschen Ländern. Erstmals konnten die Menschen *das Neue Testament* in ihrer eigenen Sprache lesen. Zugleich half Luthers Übersetzung, die deutsche Sprache zu vereinheitlichen. Die Übersetzung der übrigen Teile *der Bibel* wurde 1534 mit Hilfe anderer Wittenburger Professoren vollendet.

（8）Die Ausbreitung der Reformation

Von 1520 bis 1530 wurden fast alle norddeutschen Fürsten und ihre Untertanen von Luthers neuer Lehre überzeugt. Seine Lehre verbreitete sich bald in Skandinavien. Angeregt durch Martin Luther, führten Ulrich Zwingli（1484－1531）, Johannes Calvin（1509－1564）und der englische König Heinrich VIII.（1491－1547）die Reformation auch in der Schweiz und in Westeuropa durch.

（9）Die Bedeutung der Reformation

Luthers Reformation hatte großen Einfluss auf die deutsche Geschichte.

1）Im Laufe der Reformation zerfiel die Kriche im Reich in zwei Teile, nämlich in einen katholischen Teil mehrheitlich im Südwesten und einen lutherischen Teil vor allem in der Mittel und im Nordosten. Die verschiedenen Konfessionen vermischten sich mit politischen Interessen des Kaisers und der Landesfürsten, was auch viele Konflikte, sogar Religionskriege verursachte. Der wichtigste Krieg war der Dreißigjährige Krieg 1618－1648.

2）Durch die Reformation wurde die Bildung eines Nationalstaates verzögert. Das Reich blieb ein politisch uneinheitliches Land.

Luther starb am 18. Februar 1546, seine Ideen festigten sich nach seinem Tod und wurden zu einer neuen Bewegung von Protestanten. In vielen Fürstentümern wurde der Besitz der katholischen Kirche aufgelöst（verweltlicht/säkularisiert）. Das Geld wurde in soziale Einrichtungen und die Bildung gesteckt.

3.3 Der Große Bauernkrieg unter Thomas Münzer

Der Zustand der Bauern zu den Grundherren wurde im Hochmittelalter mit der Entwicklung der Ware – Geld – Beziehung verändert. Nach der Aufforderung der Grundherren wurden die Naturalabgaben und Dienstleistungen zum Teil in Geldabgaben umgewandelt. Die Grundherren erhöherten die Geldabgaben. Die Landesfürsten eigneten sich immer mehr Gemeinbesitz, der den Bauern verboten wurde. Aber die hörigen Bauern hatten keine Freiheit, ohne Erlaubnis ihrer Grundherren das Land zu verlassen und die andere Arbeit irgendwo zu unternehmen. Das alles machte das Leben der Bauern immer schwieriger.

Das Rittertum verlor auch seine Bedeutung gegenüber den Feuerwaffen, hatte keine Aufgabe, wurde von den Fürsten unterdrückt und verarmt, erlitt deswegen den Untergang.

(1)Die Ritteraufstände

Unter Berufung auf Luthers neue Lehre versuchten die Ritter, die Macht der geistlichen Fürsten zu brechen. 1522 belagerten sie unter Führung von Franz von Sickingen (1481 – 1523) die Bischofsstadt Trier. 1523 war ihr Aufstand gescheitert.

(2)Thomas Münzer (1489 – 1525)

Thomas Münzer stammte aus einer Bürgerfamilie, studierte Theologie und war seit 1520 Pfarrer in Zwickau. Er unterstützte Luthers Lehre, war auch der erste, der die Notwendigkeit der gesellschaftlichen Umwälzung durch Waffengewalt erkannte.

(3)Der Große Bauernkrieg

1)Am Ende des 15. und Anfang des 16. Jahrhunderts brachen im Süden die Bauernunruhen. Die Bauernbünde z. B. „Bundschuh", „Armer Konrad" wurden auch geheim gegründet, blieben aber lokal begrenzt.

2) Thomas Münzer und seine Anhänger verfassten im Winter 1524 ihr Kampfprogramm *Artikelbrief*, gründete eine geheime Organisation, den „Christlichen Bund".

3) Der Große Bauernkrieg begann 1524 mit dem Aufstand der Bauern im Bodenseeraum und dann im Oberschwaben. Bald erfassten die Bauernaufstände die Regionen vom Thüringer Wald bis zum Elsass, von Frankenland bis zu den Alpenländern. Über 100 000 Bauern widmeten sich dem Kampf. Die Fürsten konnten anfangs dem Sturm der Bauern nicht standhalten und mussten zurückziehen.

4)Im März 1525 veröffentlichten die Bauernvertreter *die Zwölf Artikel*. In den Artikeln forderten sie, die Leibeigenschaft und den „Todfall" aufzuheben, die Dienstleistungen auf erträgliches Maß zu reduzieren, und entsprechende Belohnung für die weitere

Dienste zu bekommen.

5）Es fehlte den Bauern die einheitliche Führung wegen der Zersplitterungim Reich und gute Waffen. Das deutsche Bürgertum nahm eine schwankende Haltung ein. Trotz des bitteren Kampfes gegen zahlreiche und gut bewaffnete Fürstenheere erlitten die Bauern Niederlage. Thomas Müntzer wurde am 16. Mai 1525 in der Schlacht bei Frankenhausen gefangengenommen, und am 27. enthauptet. Am Ende erreichten die Bauern ihre Ziele nicht.

（4）Luthers Haltung zum Bauernkrieg

Martin Luther entschied sich dagegen, die kirchliche Reformation zur gewaltigen gesellschaftlichen Revolution weiterzuführen. Die Forderungen der Bauern waren ihm berechtigt, ihre Gewaltmittel lehnte er jedoch ab. In seiner Schrift *Wider die räuberischen und mörderischen Rotten der Bauern* forderte er, den Aufstand niederzuwerfen.

（5）Die Bedeutung des Großen Bauernkrieges

Der Bauernkrieg war damalige größte Erhebung der deutschen Bauern und Stadtarmen gegen den Feudalismus, eine der größten Bauernbewegungen in der europäischen Geschichte. Der Bauernkrieg wurde mit der Reformation von Engels und Lenin als die erste europäische bürgerliche Revolution genannt.

Übungen III.

1. Füllen Sie bitte die Lücken aus!

1）Die neuen Erfindungen wie _____ , _____ , _____ und _____ aus China hatten großen Einfluss auf die europäische wissenschaftliche und gesellschaftliche Entwicklung.

2）Der Papst behauptete, dass die Sündenstrafen durch einen _____ verkürzt und verringert werden könnten, wenn man eine Summe Geld dafür zahle.

3）Am _____ veröffentlichte Martin Luther gegen den Ablasshandel die sogenannten „ _____ " . Das war der Anfang der Reformation und der deutschen frühbürgerlichen Revolution.

4）Der Große Bauernkrieg begann im Jahr _____ mit dem Aufstand der Bauern im Bodenseeraum und dann im Oberschwaben.

2. Erklären Sie bitte die Begriffe!

1）Humanismus und Renaissance.

2）Die Reformation.

3. Beantworten Sie bitte die Fragen!

1)Nennen Sie bitte die wichtigen Schriften von Martin Luther in der Reformation.

2) Wie hat Luther *die Bibel* übersetzt, und welche Bedeutungen hat es?

3) Was war Luthers Haltung zur Politik und Revolution?

4) Welchen Einfluss hatte die Reformation auf die deutsche Geschichte?

5) Wie waren die Bedeutungen des Großen Bauernkrieges?

3.4 Der Dreißigjährige Krieg (1618 – 1648)

3.4.1 Die religiöse Spaltung in Europa

(1)Die religiöse Spaltung durch die Reformation

Martin Luthers Reformation beeinflusste ganz Europa. In England, Schottland, Holland, in skandinavischen Ländern und in der Schweiz wurde auch die Reformation durchgeführt.

In Nordeuropa, zum Teil in Mitteleuropa stand Luthertum und Calvinismus im Zentrum. Die katholische Kirche herrschte über die deutschen Länder im Süden, und das habsburgische Gebiet sowie Spanien und Italien.

(2)Die Säkularisierung

Viele lutherische deutsche Fürsten führten in ihrem Land die Reformation durch. Ohne Erlaubnis der katholichen Kirche besetzten sie durch öffentliche Gewalt viel Reichtum und Landsgut aus kirchlicher Herrschaft, was auch die „Säkularisierung" oder „Verweltlichung" bezeichnet wurde.

(3)Die religiösen Konflikte

Im Interesse des Papstes und der katholischen Kirche verbot der Kaiser Karl V. auf dem Reichstag zu Speyer 1529 die weitere Ausdehnung der Reformation. Dagegen protestierten Luthers Anhänger. Seither wurden die Anhänger der Reformation als „Protestanten" oder „Evangelische" bezeichnet.

1531gründeten manche protestantischen Fürsten den „Schmalkaldischen Bund", um den evangelischen Glauben gegen die Politik Karls V. zu verteidigen. Von 1546 bis 1547 brach der Schmalkadische Krieg um Macht und Reichtum zwischen dem Bund und dem katholischen Kaiser aus. Der Bund erlitt Niederlage und löschte sich auf.

(4)Die Gegenreformation und das Konzil von Trient 1545

Die lutherische „reformierte" Kirche entwickelte sich schnell in ganz Europa und gefährdete die katholische Kirche. Die katholische Kirche reformierte sich, um die verlorenen Gebiete und Einflüsse wieder unter der Kontrolle zurückzugewinnen. Das wurde „Gegenreformation" genannt.

1534 gründete der spanische Offizier Ignatius von Loyola (1491 - 1556) die „Gesellschaft Jesu (Kompagnie von Jesu)", die dem Papst absolut gehorsam war. Ihre Aufgaben lagen vor allem darin, gegen die Ketzer zu kämpfen, und katholischen Glaube zu festigen und auszubreiten. Ihre Mitglieder nannten sich die Jesuiten. Bei der Gegenreformation spielte die „Gesellschaft Jesu" wichtige Rolle und gewann erheblichen Einfluss am Hof der chinesischen Kaiser.

1545 fand das Konzil von Trient unter dem Papst Paul III. (1468 - 1549) statt. Die katholische Kirchenversammlung war von großer Bedeutung. Dadurch wurde die Reform der katholischen Kirche von innen durchgeführt. Viele Missstände wurden abgestellt. Eine klare Abgrenzung der Glaubenslehre gegenüber der Lehre vom Luthertum wurde aufgestellt. Das alles förderte die Gegenreformation.

Die Gegenreformation war erfolgreich und gewann die katholische Kirche große Teile Europas wieder zurück.

(5) Der Augsburger Religionsfrieden 1555

Nach langjährigen konfessionellen Kämpfen zwischen dem Kaiser und den Fürsten wurde 1555 *der Augsburger Religionsfrieden* abgeschlossen. Die wichtigen Bestimmungen waren:

1) Die lutherischen und katholischen Fürsten und Reichsstädte sind gleichberechtigt.

2) Die Untertanen müssen das Bekenntnis des Landesherrn annehmen. Wer regiert, bestimmt die Religion der Bevölkerung („Wessen das Land, dessen der Glaube").

3) Die protestantischen Landesherren dürfen die eingezogenen Kirchengüter behalten.

4) Geistlichen Fürsten, die zum Luthertum übertreten, verlieren Amt und Besitz.

Die konfessionellen Kämpfe wurden auf Zeit beigelegt, aber im Reich blieb die religiöse Spaltung weiter.

(6) Die Union und die Liga

1608 schlossen sich die protestantischen Fürsten unter Führung des pfälzischen Kurfürsten Friedrich V. (1596 - 1632) zu einem Bund, zur „Union" zusammen, die von England, Schweden und den Niederlanden unterstützt wurde. 1609 vereinigten sich die katholischen Fürsten unter dem Kurfürsten Maximilian I. (1597 - 1651) von Bayern zur „Liga", hinter der die Spanier, der Kaiser und der Papst standen. So standen sich die zwei Fürstenbünde mit jeweiliger ausländischer Unterstützung gegenüber.

3.4.2 Der Dreißigjährige Krieg (1618 - 1648)

(1) Der „Fenstersturz" zu Prag am 23. Mai 1618

Der katholische Kaiser Rudolf II. (1552 - 1612) war auch böhmischer König. 1609 versprach er den protestantischen Böhmen die Religionsfreiheit. Sein Bruder und Nachfolger,

Kaiser Matthias (1557 – 1619) brach jedoch das Versprechen. Die neu gebauten pro-testan-tischen Kirchen wurden durch den Erzbischof von Prag und kaiserliche Räte geschlossen oder abgerissen. Am 23. Mai 1618 zogen die Vertreter der protestantischen Adligen in Prag zur Prager Burg und warfen die kaiserlichen Statthalter Martinitz und Wilheilm Slavata sowie einen Sekretär Philip Fabricius aus dem Fenster der böhmischen Kanzlei in der Burg in den Burggraben. Die drei überlebten den Fenstersturz, aber der Prager Fenstersturz 1618 galt als der direkte Anlass für den Dreißigjährigen Krieg auf deutschem Boden.

(2) Der Verlauf des Dreißigjährigen Krieges

Zunächst konnten die katholischen Fürsten und der deutsche Kaiser im Böhmisch – Pfälzischer Krieg (1618 – 1623) Gewinne erzielen und die Protestanten schwächen. Durch den Eingriff vom Dänenkönig Christian IV. (1577 – 1648) begann der Dänisch – Niedersächsische Krieg (1623 – 1629). Von 1630 bis 1635 mischte sich jedoch das protes-tantische Schweden unter Gustav Adolf II. (1594 – 1632) ein. 1635 nutzte Frankreich unter Richelieu (1585 – 1642) die Schwäche im Reich und griff auch in den Krieg gegen Schweden ein, der Französisch – Schwedische Krieg (1635 – 1648) dauerte bis zum Ende des Dreißigjährigen Krieges.

(3) *Der Westfälische Frieden* 1648

1648 wurde in Osnabrück der *Westfälische Frieden* beschlossen. Frankreich und Schweden erhielten deutsche Gebiete und durften sich nun in die Politik des Reiches ein-mischen. Die katholischen Fürsten und der Kaiser verloren an Macht. Vor allem musste der Kaiser viel Macht an die Landesfürsten abgeben. Er konnte nicht mehr allein über Bündnisse, Gesetze oder Kriege entscheiden, sondern musste dies auf den Reichstag mit den Landesfürsten abstimmen. Zwischen den Religionen wurde Frieden geschlossen und der Zustand, wie er vor dem Krieg war, gefestigt.

(4) Die Charakter des Dreißigjährigen Krieges

1) Im Vordergrund standen die Konflikte zwischen dem protestantischen und dem katholischen Teil im Reich. Die protestantischen Fürsten wollten ihre Stellung sichern, der Kaiser und die katholischen Fürsten wollten die Teilung des Reiches und den Verlust an Macht nicht akzeptieren. Ihre Positionen lassen sich nicht vereinbaren, es kam zum Krieg.

2) Der Krieg war auch der letzte Versuch des deutschen Kaisers, eine zentrale Gewalt (Absolutismus) zu behalten. Dem Absolutismus widersetzten sich viele Landesfürsten, die ihre Freiheiten behalten wollen (Partikularismus).

3) In diesem Krieg vermischten sich religiöse, politische und wirtschaftliche Interessen. Es war ein europäischer Krieg auf deutschem Boden. Frankreich, Schweden, Dänemark, Spanien und die Niederlande nahmen auch an diesem Krieg teil, weil sie sich

davon Landgewinne und größeren Einfluss versprachen.

4）Der Krieg wurde sehr brutal geführt, und betraf die Zivilbevölkerung sehr stark. Es kamen gekaufte Soldaten, z.B. die Söldner von General Wallenstein（1583 - 1634）zum Einsatz, die bezahlt werden mussten und nicht besonders treu waren. Diese Söldner plünderten viele Städte und verwüsteten ganze Gebiete. Neue Waffen z.B. Gewehre und Artillerie wurden auch in den Krieg eingesetzt.

5）Der Krieg dauerte nicht kontinuierlich 30 Jahre, sondern wurde immer wieder durch kurze Pausen unterbrochen. Die Friedensschlüsse hielten jedoch nie lange oder es mischten sich neue Parteien in den Kampf ein.

（5）Die Folgen des Dreißigjährigen Krieges

1）Nach dem *Augsburger Religionsfrieden* von 1555 wurde die Gleichberechtigung der Bekenntnisse aufrechterhalten.

2）Die Fürsten erhielten die volle Selbständigkeit in ihren Territorien. Einige Fürsten bekamen durch den Krieg noch mehr Gebiete.

3）Der Dreißigjährige Krieg war für die Deutschen eine große Katastrophe. Ein Drittel der deutschen Bevölkerung starb im Krieg. Ganze Landstriche wurden verwüstet, Städte und Dörfer wurden zerstört.

4）Der Krieg kostete den Fürsten viel Geld. Sie liehen sich dieses Geld bei privaten Geldgebern. Diese privaten Geldgeber, z.B. die Familie Fugger kamen zumeist aus dem Bürgertum. Dieser Teil des Bürgertums, auch das genannte Finanz - oder Geldbürgertum erhielt dadurch starken Einfluss auf die Politik und gewann immer mehr an Bedeutung.

Übungen IV.

1. Füllen Sie bitte die Lücken aus!

1）Karl V. verbot auf dem _____ 1529 die weitere Ausdehnung der Reformation. Dagegen protestierten Luthers Anhänger. Seither werden die Anhänger der Reformation als _____ oder _____ bezeichnet.

2）Die katholische Kirche reformierte sich, um die verlorenen Gebiete und Einflüsse wieder unter der Kontrolle zurückzugewinnen. Das wurde „ _____ " genannt.

3）1534 gründete Ignatius von Loyola die „ _____ ", die dem Papst absolut gehorsam war.

4）1555 wurde _____ zwischen dem Kaiser und den Fürsten abgeschlossen.

5）Schlossen sich die protestantischen Fürsten zur „Union" zusammen, Im Jahr 1609 vereinigten sich die katholischen Fürsten zur „ _____ ".

6）Der Prager _____ am _____ galt als der direkte Anlass für den Dreißigjährigen Krieg.

7) Im Jahr _____ wurde in Osnabrück der „Westfälische Frieden" beschlossen. Damit endete der Dreißigjährige Krieg.

2. Erklären Sie bitte die Begriffe!

1) Die Säkularisierung.

2) *Der Augsburger Religionsfrieden.*

3. Beantworten Sie bitte die Fragen!

1) Welche Länder haben sich in den Dreißigjährigen Krieg eingemischt?

2) Welche Folgen hatte der Dreißigjährige Krieg?

3.5   Der deutsche Dualismus

3.5.1   Das Verhältnis im Reich nach dem Dreißigjährigen Krieg

Das Deutsche Reich wurde im Dreißigjährigen Krieg zu großen Teilen zerstört und musste wieder aufgebaut werden. Nach dem Ende des Dreißigjährigen Krieges (1618 – 1648) ist das Deutsche Reich in viele Einzelstaaten, d. h. Königreiche, Herzogtümer, Fürstentümer, Grafschaften, Reichsstädte u.a. unterteilt.

Die Bedeutung des Kaisertums sank weiter, während die Einzelstaaten immer mehr Macht und Einfluss erhielten und die Politik im Reich mitbestimmen konnten. In den nächsten Jahrhunderten wurde die deutsche Geschichte durch die Einzelstaaten vor allem durch Preußen und Österreich bestimmt.

Die Einzelstaaten versuchten ihre Macht auszubauen, zentralisierten in ihren Ländern die Macht und bemühten sich, die Stände abzuschaffen. Die Stände waren die Versammlung von Adligen, Geistlichen, z. B. Bischöfen, Äbten u. a. sowie reichen Bürgern. Sie hatten in der Vergangenheit großen Einfluss auf die Politik eines Einzelstaates z.B. in Preußen, Bayern oder Sachsen. Ihre Macht einzuschränken bedeutete für die Fürsten oder Könige mehr Macht alleine ausüben zu können.

3.5.2   Die Aufklärung

Das Zeitalter Aufklärung (englisch „age of enlightenment", französisch „siècle des lumières") ist eine gesamteuropäische Erscheinung. Die Aufklärung hatte ihren Höhepunkt zwischen dem späten 17. Jahrhundert und dem Ende des 18. Jahrhunderts, vor allem in England (Glorious Revolution 1688/1689), Frankreich (Französische Revolution) und den deutschen Ländern. Zuerst war sie nur eine Bewegung der Philosophie. Aus bloßen Gedanken wurden bald reale Forderungen, die Philosophie wollte Politik sein.

(1) Die wichtigsten Gedanken der Aufklärer

1) Der Mensch unterscheidet sich vom Tier durch seine Vernunft, er kann vernünftig denken und danach handeln, das Tier folgt nur seinen Instinkten.

2) Die Vernunft kann fast alles z. B. Naturerscheinungen, Politik, Moral usw. erklären.

3) Nur die Vernunft kann zu einem guten Leben führen. Die Religion ist wichtig, aber allein auf Gott kann man sich nicht verlassen. Gott hat den Menschen mit der Vernunft ausgestattet, also muss der Mensch seine Vernunft gebrauchen.

4) Der Mensch kann durch die richtige Erziehung zu einem vernünftigen Menschen werden.

5) Der Mensch ist von Natur aus gleich. Jeder hat die gleichen Rechte und Pflichten.

6) Der Mensch kann selbständig werden, weil er allein mit seiner Vernunft zu den richtigen Antworten kommen kann.

(2) Die wichtigsten Forderungen der Aufklärer

1) Die Trennung von Staat und Kirche, Religion darf keine Politik machen.

2) Die Trennung und Kontrolle der Gewalten eines Staates (Legislative; Exekutive; Judikative).

3) Volk bzw. Bürger sollen mitregieren dürfen (Volksvertretung; Parlament).

4) Stände sollten aufgehoben werden (Adel, Kirche, Bauern). Jeder soll die Chance erhalten, seinen Beruf zu wählen und in der Gesellschaft aufzusteigen.

Die Aufklärer, vor allem die gebildeten Bürger verbreiteten ihre Gedanken durch Zeitungen, Bücher, Lesevereine, in Kaffeehäusern und anderes. Sie erreichten eine große Wirkung, zahlreiche Herrscher ließen sich beeindrucken.

(3) Die wichtigsten Aufklärer

1) in England: Thomas Hobbes (1588 – 1679); John Locke (1632 – 1704); David Hume (1711 – 1776); Edmund Burke (1729 – 1797).

2) in Frankreich: René Descartes (1596 – 1650); Charles de Montesquieu (1689 – 1755); Voltaire (1694 – 1778), Jean – Jacques Rousseau (1712 – 1778); Denis Diderot (1713 – 1784).

3) in deutschen Ländern: Gottfried Wilhelm Leibniz (1646 – 1716); Christian Wolff (1679 – 1754); Immanuel Kant (1724 – 1804); Gotthold Ephraim Lessing (1729 – 1781); Friedrich Schiller (1759 – 1805).

4) in Europa: Baruch Spinoza(1632 – 1677).

(4) Die wichtigsten Folgen der Aufklärung

1) Die Aufklärung war wichtig fürs Bildungswesen. Der Mensch sollte durch Bildung

verbessert werden. Die Kirche hatte nicht mehr allein das Vorrecht auf die Ausbildung.

2) Die Gedanken in der Aufklärung, z. B. der Individualismus und die Demokratie, Gewaltenteilung, Selbstbestimmung, Menschenrechte, Bürgerrechte usw. waren prägend für die europäische Geistesgeschichte und Politik.

3.5.3 Der Absolutismus und der aufgeklärte Absolutismus

(1) Der Absolutismus

Neue Staatstheorien schufen die Idee für einen modernen Staat: der Absolutismus wurde zu einem Ideal der Herrscher. Die Regierung soll zentral geführt werden. Über alle Angelegenheiten z. B. die Steuern, das Verkehrswesen, das Militär u. a. sollen der Herrscher und seine Minister die Kontrolle haben. Der Aufbau eines stehenden Heeres und vor allem einer zentral geleiteten Bürokratie war das Hauptmerkmal des Absolutismus. Seit dem Jahr 1643 galt Frankreich unter Ludwig XIV. (1643 – 1714), dem „Sonnenkönig" als Vorbild.

(2) Der aufgeklärte Absolutismus

Manche Herrscher z.B. der preußische König Friedrich II. (1712 – 1786) und der Kaiser Joseph II. (1741 – 1790) verstanden anders unter Absolutismus. Im Sinne der Aufklärung sorgten sie einigermaßen für ihre Bürger, stellten die Interessen des absolutistischen Staates im Vordergrund. Diese Herrschaftsform wurde als der aufgeklärte Absolutismus genannt.

Friedrich II. äußerte: „Der Herrscher ist vielmehr der erste Diener des Staates." und „Alles für das Volk, aber nichts durch das Volk."

(3) Die deutschen Landesfürsten

Weil das deutsche Reich in so viele Einzelstaaten unterteilt war, wirkte sich der Absolutismus negativ aus. Jedes kleine Fürstentum wollte eine eigene Macht ausüben. Viele Steuern und Zölle behinderten die deutsche Wirtschaft und machten ein geeintes Vorgehen sehr schwierig. Die Wirtschaft und Politik des Reiches hatten deshalb international kaum Einfluss.

3.5.4 Der Werdegang von Österreich unter Habsburgern

(1) Graf Rudolf von Habsburg (1218 – 1291)

Nach der kaiserlosen Zeit wurde Graf Rudolf von Habsburg im Jahr 1273 zum König des Reiches gewählt, zu dessen Zeit die Habsburger nur im Südwesten des Reiches etwas Land in der heutigen Schweiz besaßen. Durch Kriegszüge gewann Rudolf die Herzogtümer Österreich und Steiermark, dadurch wurde auch der Grundstein des späteren Habsburger

Reiches gelegt.

(2) Kaiser Karl V.(1500 - 1558)

Karl V. wurde im Jahr 1519 von sieben Kurfürsten zum Kaiser gewählt, und 1530 vom Papst Clement VII. (1478 - 1534) gekrönt. Dies war das letzte Mal, dass sich ein Kaiser des Heiligen Römischen Reiches vom Papst krönen ließ.

1) Karl V. ging energisch gegen Martin Luther vor, führte ständig Kriege gegen Frankreich und Türken. Vom 14. bis zum 18. Jahrhundert drang das türkische Reich, auch das Osmanische Reich genannt, immer wieder in die europäischen Länder ein. Die Türken standen 1529 vor Wien, wurden nach erbitterten Kämpfen unter Karl V. zurückgeschlagen.

2) Es gelang ihm nicht, die Macht der Landesfürsten zu brechen und die Einheit des Reiches zu festigen.

3) Im Jahr 1556 dankte er ab. Das Reich wurde in eine spanische Hälfte unter seinem Sohn Philipp II. (1527 - 1598) und in eine deutsche unter seinem Bruder Ferdinand I. (1503 - 1564) geteilt.

4) Typisches Beispiel für die Zusammenarbeit von Wirtschaft und Politik waren die Aktivitäten des Augsburger Kaufherrn Jakob Fugger (1459 - 1525), die auch die Entwicklung des Frühkapitalismus im deutschen Reich vertrat. Karl V. war bei den Fuggern mehr verschuldet, und versprach ihnen entsprechend mehr Vorrechte. Mit dem großen Reichtum hatten sie allmählich auch die politische Macht im Reich.

(3) Kaiser Karl VI.(1685 - 1740)

1) Kaiser Karl VI. gewann fast in allen Teilen Europas neue Gebiete, trotzdem konnte das Reich die Einheit immer noch nicht festigen.

2) Die Habsburger Dynastie unter Kaiser Karl VI. galt als ein lockeres Band. Die Vielfalt zeigte sich unter den Völkern und Ländern. Jedes Volk hatte eigene Sitten und Gebräuche, jedes Land blieb weitgehend selbständig.

3) Unter Karl VI. war die Reichskanzlei die oberste Behörde.

4) Karl VI. hatte keinen männlichen Erben. Um den habsburgischen Besitz zu bewahren, erließ er 1713 eine neue Erbfolgeordnung *Pragmatische Sanktion*. Dadurch wurde bestimmt, dass auch Karls Töchter den Besitz erben sollten.

5) Prinz Eugen von Savoyen (1663 - 1736) erhielt 1696 den Oberbefehl über das kaiserliche Heer, schlug die Türken in der Schlacht von Zenta 1697 vernichtend nieder. Im Jahr 1699 kam es zum *Friedensvertrag zu Karlowitz* zwischen der Türkei und Österreich. Es gelang ihm, im neuen Krieg gegen die Türkei Belgrad zu erobern.

(4) Maria Theresia(1717 - 1780)

1) Wegen der Niederlage gegenüber Preußen führte die Kaiserin Maria Theresia die

Reform nach preußischem Vorbild durch.

2）Sie berief einen gemeinsamen Staatsrat, richtete gemeinsame Ministerien ein, und teilte das ganze Staatsgebiet in Bezirke ein.

3）Sie verbesserte die Steuergesetze, setzte zentrale Steuern, führte jeweils die Einkommens –, Erbschafts – und Kopfsteuer ein, die auch die Adligen zahlen mussten.

4）Sie bestrebte immer, die Leibeigenschaft zu beseitigen, schaffte auf Domänen die Leibeigenschaft ab, und verwandelte die Frondienste in Geldleistungen.

5）Eine Schulordnung für das gesamte Reich wurde erarbeitet.

6）Die Industrie, die Manufakturen wurden gefördert.

7）Ihr Reformwerk trug zur wirtschaftlichen Entwicklung bei. Aber wegen heftigen Widerstandes des Adels scheiterte es ihr, die Leibeigenschaft aufzuheben. Obwohl lagen ihrer Regierung einzelne aufklärerische Gedanken zugrunde, gehörte ihr innerstes Wesen der Aufklärung nicht an.

（5）Kaiser Joseph II.(1741 – 1790)

1）Maria Theresias Sohn, Kaiser Joseph II. bestrebte die Reform entschlossener als seine Mutter.

2）Er führte die deutsche Sprache als Amtssprache bei allen Völkern ein.

3）Er hob die Erbuntertänigkeit auf und berechtigte den Bauern, ihren Wohnsitz und ihre Arbeit zu wechseln.

4）Er beschränkte die Vorrechte der Kirche, führte im Land die Religionsfreiheit und die Schulpflicht ein.

5）Er verbesserte die Rechtsstellung der Juden und sorgte für Schwache und Kranke.

6）Er vergrößerte das Reich um Gebiete aus polnischem und türkischem Besitz. Österreich wurde eine Großmacht Europas.

7）Joseph II. war ganz von den Gedanken der Aufklärung erfüllt, durchdachte jedoch die Reform wenig und erregte Unzufriedenheit in der Bevölkerung. Am Ende scheiterte seine Reform am Widerstand des Adels.

3.5.5　Der Aufstieg von Preußen unter Hohenzollern

（1）Brandenburg – Preußen

1）Brandenburg – Preußen war die Zusammenfügung des Kurfürstentums Brandenburg mit dem Herzogtum Preußen und anderen Gebieten. Seine Landesteile befanden sich teils im Westen z.B das Ruhrgebiet, teils in der Mitte z.B. Brandenburg und Pommern, teils im Osten außerhalb des Reiches. Ostpreußen war ursprünglich ein aus dem Staat des Deutschen Ordens hervorgegangener Herzogtum.

2）Am Anfang des 15. Jahrhunderts erhielten die Hohenzollern die Mark Brandenburg als Lehen vom Kaiser. Das ursprüngliche Kerngebiet war ein armes Land zwischen Elbe und Oder. Es wurde spöttisch „ des Heiligen Römischen Reiches Streusandbüchse" genannt.

3）Zu Beginn des 16. Jahrhunderts wurde Markgraf Albrecht II. von Brandenburg （1490－1568）zum Hochmeister des Deutschen Ordens gewählt. 1525 führte er im Ordenstaat die Reformation durch und machte ihn zu seinem erblichen Herzogtum Preußen als Lehen des Königs von Polen.

4）Zu Beginn des 17. Jahrhunderts vereinigten sich Brandenburg und Preußen unter Hohenzollern zu einem Staat, der in der folgenden Zeit zum Königreich Preußen wurde.

（2）Friedrich Wilhelm（1620－1688）der Kurfürst

1）Der Brandenburger Kurfürst Friedrich Wilhelm befestigte das Land durch geschickte Schaukelpolitik zwischen den Großmächten in Europa. Gegen Ende seiner Regierung vergrößerte sich der Landbesitz um mehr als das Dreifache.

2）Friedrich baute ein stehendes Heer aus, richtete eine einheitliche Steuerverwaltung ein und führte in seinem Land das Merkantilsystem ein. Er schaltete die Macht der Stände aus und regierte absolutistisch. Unter dem Kurfürsten begann der Aufstieg des Brandenburg－Preußens.

（3）Friedrich I.（1657－1713）, der König in Preußen

1）Friedrich Wilhelms Sohn Friedrich I. strebte nach der Königswürde für das nicht zum Reichsgebiet gehörige Preußen. Er erhielt nach langen Verhandlungen als Preis für die Unterstützung der Habsburger im Spanischen Erbfolgekrieg （1701－1714） vom Kaiser Karl VI. das Recht, sich als „König in Preußen" zu bezeichnen. Die Krönungsfeier fand am 18. Januar 1701 in Königsberg, der Hauptstadt des Herzogtums statt. Seitdem war das Königreich Preußen den anderen Großmächten Europas gleichgestellt.

2）Er förderte auch die Kunst und Wissenschaft, gründete 1694 die Universität Halle und 1696 die Akademie der Künste in Berlin.

（4）Friedrich Wilhelm I.（1688－1740）, der Soldatenkönig

1）König Friedrich Wilhelm I., der Sohn des Königs in Preußen, wandte sich mit ganzer Kraft dem Militärwesen zu, um die junkerlich－absolutistische Ordnung zu festigen. Unter seiner Regierung wurde Brandenburg－Preußen zu einem Militärstaat. Sein militärisches Denken und Handeln trug ihm den Namen „Soldatenkönig" ein. Potsdam galt als das Symbol des preußischen Militarismus.

2）Die durch das Militär geprägte Staatsgesinnung waren Sparsamkeit, Pflichterfüllung und Unterordnung, die als höchste Tugenden galten, und auch zum wichtigsten Preußentum zählten.

3)Der Kronprinz wurde vom Soldatenkönig streng patriarchalisch ausgebildet, was auch seinen Widerstand und aufgeklärten Gedanken regte.

(5)Friedrich II. der Große (1712 - 1786)

1)Soldatenkönigs Sohn, Friedrich II. bekannte sich in seiner Jugend zur Staatslehre der Aufklärung und zeigte sich für die Ideen der Aufklärung aufgeschlossen. Sein Ausspruch „Der Herrscher ist der erste Diener des Staates" war gekennzeichnet für seinen aufgeklärten Gedanken. Er wurde auch zum Vorbild des aufgeklärten Absolutismus und erhielt den Beinamen „der Große".

2)Er eroberte neue Gebiete wie Schlesien und Teile von Polen. Während seiner Regierungszeit verdoppelte sich das Territorium Preußens.

3)Er verkündete die Toleranz für alle Religionen und Pressefreiheit, verfügte die Neuerrichtung der Berliner Akademie der Wissenschaft. Er bestrebte, dem Bauernlegen Einhalt zu gebieten und die Frondienste einzuschränken. Er hob die Folter im ordentlichen Gerichtsverfahren auf und verweigerte die weitgehende Übermacht der Armee, um die Interessen des Volks zu garantieren.

4)Er interessierte sich für China, strebte nach dem regulären Handel mit Qing - Dynastie unter dem Kaiser Qianlong (1711 - 1799), wurde aber von der chinesischen Seite abgelehnt.

5)Friedrichs II. drei Schlesische Kriege gegen Maria Theresia endeten für Preußen mit dem Gewinn Schlesiens. Preußen stieg im 18. Jahrhundert zu einer Weltmacht auf.

6)Gegen Ende seiner Regierung erließ Friedrich II. *das Allgemeine Preußische Landrecht*. Laut dieses Gesetzbuchs stand der Adel an erster Stelle. Die Adelschicht und Offiziere besaßen Privilegien. Die Bürger galten als Erwerbstand im Reich und blieben politisch rechtlos. Die Bauern waren die Lasttiere des Junkerstaates. Jeder Stand sollte seine eigenen Rechte und Pflicht haben. 1794 war das Gesetz fertig, bis 1900 wirkte es als die Grundlage des preußischen Militär - und Junkerstaates.

3.5.6 Die Rivalität zwischen Österreich und Preußen

(1)Erster Schlesischer Krieg (1740 - 1742)

Friedrich II. nutzte die Habsburger Schwäche wegen der weiblichen Thronfolge aus, rückte Ende 1740 mit seinem Heer in die reiche Provinz Schlesien ein. Es kam nach Maria Theresias Niederlage bei Mollwitz am 10. April 1741 und bei Chotusitz am 17. Mai 1742 zum *Berliner Frieden* vom 28. Juli 1742. Niederschlesien, Teile Oberschlesiens und Grafschaft Glatz wurde Preußen abgetreten.

(2)Zweiter Schlesischer Krieg (1744 - 1745)

Angesichts des neuen Bündnisses zwischen Maria Theresia und Sachsen schloss

Friedrich II. im Juli 1744 ein Bündnis mit Frankreich. Er begann im August den zweiten Schlesischen Krieg. Mit dem entscheidenden Sieg bei der Schlacht bei Kesselsdorf in Sachsen am 15. Dezember 1745 konnte Friedrich II. den Besitz Schlesiens durch den *Frieden von Dresden* in demselben Jahr verteidigen.

(3) Dritter Schlesischer Krieg oder Siebenjähriger Krieg (1756 – 1763)

Die Bündnisse in Europa veränderten sich in der Mitte des 18. Jahrhunderts erneut. Zwischen Frankreich und England kam es zum Wettstreit um die europäische Macht. Im Heiligen Römischen Reich Deutscher Nation bestimmte der Konflikt zwischen Österreich und Preußen die Politik.

Aus Sorge vor Preußen näherte sich Österreich Frankreich an. Preußen ging ein Bündnis mit England ein. Frankreich, Russland und Österreich schlossen ein neues Bündnis ab.

1756 kam es zum dritten Schlesischen Krieg. Preußen kämpfte gegen Österreich, Frankreich und Russland. Der Krieg verlief sehr wechselhaft, dennoch konnte Preußen eine Niederlage verhindern und sogar in vielen Kämpfen siegen.

Nach dem Tod der Zarin Elisabeth (1709 – 1762) schloss der neue russische Zar Peter III. (1728 – 1762) im Jahr 1762 mit Preußen Frieden. Am 15. Februar 1763 kam es schließlich zum *Frieden von Hubertusburg*. Preußen konnte seine Macht behaupten und wurde endgültig zu einer Großmacht.

3.5.7 Deutscher Dualismus

Der Kaiser des deutschen Reiches spielte nur noch eine unwichtige Rolle. Seine Position wurde mehr zu einem Symbol. Die Geschichte des Reiches im 18. und 19. Jahrhundert wurde tatsächlich durch Österreich und Preußen bestimmt. Der „deutsche Dualismus" war entstanden.

3.5.8 Die Aufteilungen Polens

1772 beteiligte sich Preußen an der ersten Teilung Polens. Durch den preußisch – österreichisch – russischen Vertrag vom 5. August 1772 verlor Polen das Ermland und Netzedistrikt an Preußen. Nach der zweiten Teilung 1793 verschwand Polen bei der dritten 1795 sogar ganz von der Landkarte.

Übungen V.

1. Füllen Sie bitte die Lücken aus!

1) Die Aufklärung hatte ihre Hoch – Zeit zwischen dem späten _____ Jahrhundert und dem Ende des _____ Jahrhunderts, vor allem in _____ , _____ und _____ .

2）Seit dem Jahr 1643 galt Frankreich unter dem „Sonnenkönig" _____ als Vorbild für Absolutismus.

3）Karl VI. hatte keine männlichen Erben und erließ 1713 die Erbfolgeordnung „ _____ ". Dadurch wurde bestimmt, dass auch Karls Töchter den Besitz erben sollten.

4）Brandenburg − Preußen war die Zusammenfügung des Kurfürstentums _____ mit dem Herzogtum _____ und anderen Gebieten.

5）Das ursprüngliche Kerngebiet der Mark _____ war ein armes Land zwischen Elbe und Oder. Spöttisch wurde es „des Heiligen Römischen Reiches Streusandbüchse" genannt.

6）Zu Beginn des 17. Jahrhunderts vereinigten sich Brandenburg und Preußen unter _____ zu einem Staat, der in der folgenden Zeit zum Königreich Preußen wurde.

7）Friedrich I. wurde am _____ „der König in Preußen".

8）Durch sein militarisches Denken und Handeln wurde Friedrich Wilhelm I. auch „ _____ " genannt.

9）Friedrich II. wurde auch zum Vorbild des _____ Absolutismus, und erhielt den Beinamen „der Große".

10）Friedrichs II. drei _____ Kriege gegen _____ endeten für Preußen mit dem Gewinn Schlesiens.

11）Der dritte Schlesische Krieg 1756 − 1763 wurde auch _____ Krieg genannt.

12）Aus Österreich unter _____ und _____ unter Hohenzollern wurde Deutscher Dualismus gebildet.

2. Erklären Sie bitte die Begriffe!

1）Die Stände.

2）Der Absolutismus.

3）Der aufgeklärte Absolutismus.

3. Beantworten Sie bitte die Fragen!

1）Was waren die wichtigsten Gedanken der Aufklärer?

2）Nennen Sie bitte einige wichtige Aufklärer.

3）Welche wichtigen Maßnahmen führten Maria Theresia und Josef II. in der Reform ein?

4）Wann waren die drei Schlesischen Kriege zwischen Österreich und Preußen, und was war die Folge des dritten Krieges?

3.6　Heiliges Römisches Reich Deutscher Nation und Frankreich（17./18.Jh.）

Durch den Dreißigjährigen Krieg gewann Frankreich Einfluss auf die deutsche Politik. In Frankreich überlegte man, den Rhein zu einer natürlichen Grenze zwischen beiden Seiten zu machen, dies würde große Gebietsverluste für deutsches Reich bedeuten.

3.6.1　Die Französische Revolution 1789 – 1794

1) Die Französische Revolution begann mit dem Sturm auf die Bastille am 14. Juli 1789. In der ersten Phase von 1789 bis 1791 kam die Großbourgeoisie an die Macht. Frankreich wurde zur konstitutionellen Monarchie.

2) In der zweiten Phase von 1792 bis 1793 führte die Handels –, Agrar – und Industriebourgeoisie die Revolution. Sie stürzte die Monarchie und die Herrschaft der Großbourgeoisie. Das revolutionäre Frankreich errang am 20. September 1792 ersten Sieg über Preußen bei Valmy. Am 21. Januar 1793 wurde der König Ludwig XVI. (1754 – 1793) hingerichtet.

3) Von 1793 bis 1794 erreichte die Revolution in der dritten Phase den Höhepunkt. Ab 2. Juni wurde die Diktatur der Jakobiner, die die Herrschaft von Sansculotten stürzten, errichtet. Die wichtigsten Führer der Jakobiner waren Robespierre (1758 – 1794), Marat (1743 – 1793), Danton (1759 – 1794) und Saint – Just (1767 – 1794).

4) In der vierten Phase von 1794 bis 1795 ergriff die Großbourgeoisie wieder die Herrschaft. Die Revolution endete.

5) Ein Artillerieoffizier Napoleon Bonaparte (1769 – 1821) stieg rasch in der Revolution empor. Er warf 1795 den Royalistenaufstand in Paris nieder, wurde Oberbefehlshaber in Italien. Er führte 1798 – 1801 den Feldzug gegen Ägypten, übernahm als Erster Konsul die Staatsgewalt. 1804 krönte Napoleon sich zum Kaiser, und stellte als Vertreter der Bourgeoisie die wichtigsten Errungenschaften der Revolution durch ein neues Gesetzbuch, den „Code Napoleon" sicher.

3.6.2　Die Auswirkungen der Französischen Revolution auf deutsches Reich

(1) Die Volksbewegungen

Die Französische Revolution löste in Europa bürgerlich – demokratische Bewegungen und in Lateinamierika Unabhängigkeitsbewegungen aus.

1) Unter deutschen Staaten kam es 1789 in den elsässischen Gebieten der deutschen Fürsten und auch in rheinischen Erzbistürmen zu Bauernunruhen. Im August 1790 und im

April 1793 brachen wieder Bauernunruhen in Sachsen und in Schlesien aus.

2) Am 17. März 1793 wurde die Mainzer Republik gegründet, die das erste auf bürgerlich – demokratischen Grundsätzen beruhende Staatswesen auf deutschem Boden war und sich eng mit den Revolutionären in Straßburg und Paris verband.

3) Das Bürgertum in den deutschen Ländern war wirtschaftlich und politisch noch nicht so stark wie das in Frankreich. Alle Volksbewegungen waren lokal begrenzt, wurden nicht zur einheitlichen Revolution. Es lag an der politischen und konfessionellen Zersplitterung im deutschen Reich.

(2)Die ambivalenten Reaktionen der Intellektuellen

1) Die deutschen Intellektuellen waren auch von der Revolution tief beeinflusst. Sie forderten die Abschaffung aller Standesprivilegien und verachteten die Willkürherrschaft der Fürsten. Junge Dichter, Künstler wie Schiller und Goethe wurden „Stürmer und Dränger" genannt, wollten nach dem Vorbild von Frankreich eine neue Gesellschaft errichten.

2) Als die Jakobiner ihre Diktatur in Frankreich ergriffen, wandeten sich viele Intellektuelle von der Revolution ab.

3.6.3　Napoleons Eroberungszüge und das Ende des deutschen Reiches

(1)Die Besetzung linksrheinischer Gebiete

Nachdem 1789 die Revolution in Frankreich ausgebrochen war, wurde der Gedanke der Rheingrenze wieder aktuell. Um die Interesse der Bourgeoisie zu verwirklichen, begann Napoleon die Eroberungszüge. In Preußen und Österreich wurde die Armee aufgerüstet, weil man mit einem Krieg rechnete. Im April 1792 erklärte Frankreich schließlich Preußen und Österreich den Krieg. Auf der einen Seite stand Frankreich, auf der anderen Seite Preußen, Österreich und eine große Allianz vor allem aus England, Spanien, Holland und Portugal.

Frankreich rückte bis an den Rhein vor, eroberte 1797 alle deutschen Gebiete links des Rheins, wo die Hörigkeit, die Feudallasten, der Kirchenzehnt und der Zunftzwang auch wie in Frankreich abgeschafft, und die kapitalistische Produktionsweise und Produktionsverhältnisse gebracht wurden.

(2)Rheinbund (1806 - 1813)

Am 12. Juli 1806 wurde der Rheinbund, eine Vereinigung von 16 verschiedenen deutschen Einzelstaaten einschließlich Bayern, Württemberg u. ä. mit Frankreich in Paris gegründet. Unter Napoleons Protektorat halfen sie Frankreich dabei, den Krieg gegen Preußen, Österreich, England und Russland fortzusetzen. Bis 1811 schlossen sich mit Ausnahme Preußens und Österreichs alle anderen deutschen Staaten dem Bund an. Nach der Völkerschlacht bei Leipzig 1813 löste sich der Rheinbund auf.

(3) Das Ende des Heiligen Römischen Reich Deutscher Nation

Im Jahr 1803 wurde das Deutsche Reich durch den sogenannten Reichsdeputations-hauptschluss, den Beschluss der letzten außerordentlichen Reichsdeputation am 25. Februar, neu geordnet. 122 kleine Staaten wurden an die größeren deutschen Staaten verteilt, die geistlichen Fürstentümer wurden aufgelöst. Das alte Reich wurde hierdurch sehr stark verändert.

Die Kirche verlor endgültig ihre weltliche Macht, dies wurde von den Protestanten und den Humanisten oder Aufklärern gefordert und auch die Herrscher wollten die Kirche nicht mehr schützen.

Und 1806 sagten sich die Rheinbundfürsten vom deutschen Reich los. Der Kaiser Franz II. (1768 – 1835) dankte am 6. August ab und nannte sich Franz I. „Kaiser von Österreich". Damit endete das Heilige Römisches Reich deutscher Nation nach fast 1000 jähriger Geschichte (962 – 1806).

(4) Die Doppelschlacht bei Jena und Auerstedt und Preußens Zusammenbruch

Am 14. Oktober 1806 kam es zu der Doppelschlacht bei Jena und Auerstedt, die mit einer Niederlage der preußischen Armee endete. Nach schnellem Vormarsch eroberte Napoleon am 27. die Hauptstadt Berlin. Der preußische König Friedrich Willhelm III. (1770 – 1840) floh sich nach Memel. Im Juli 1807 war Preußen völlig besiegt.

(5) *Der Frieden von Tilsit* 1807

Durch den *Frieden von Tilsit* am 9. Juli 1807 verlor Preußen fast die Hälfte seines Territoriums und 5 Millionen Einwohner. Nach dem Frieden war deutscher Boden ganz unter Napoleons Herrschaft.

(6) Die Entstehung des Nationalgefühls

Nach der Niederlage Preußens steigerten die Schriften vieler Dichter, Denker und Politiker das Nationalgefühl und die Vaterlandsliebe. Der Freiheitswille des Volkes wurde dadurch verstärkt. Sie gaben den Reformen und Befreiungskämpfen wichtigen Impuls.

(7) Preußens Reformwerk

1) Die Niederlage Preußens gegen Frankreich lag vor allem daran, dass Preußen ein rückständiger Feudalstaat war. Um das Land von Napoleons Herrschaft zu befreien, trat eine Reihe von Reformern auf. Der Staatsmann Freiherr vom und zum Stein (1757 – 1831) war der einflussreichste. Nach der Niederlage übertrug der preußische König Friedrich Wilhelm III. (1770 – 1840) das Amt dem Freiherrn vom Stein. Stein erließ am 9. Oktober 1807 das *Oktoberedikt*. Es bestimmte, dass es nach dem 11. November 1810 in Preußen keine Erbuntertanen und Leibeigenen mehr gebe, sondern nur freie Bauern und Häusler. Die Abgaben und Frondienste sollten später auch aufgehoben werden. Unter Napoleons

Druck und heftigem Widerstand vieler Adligen entließ der König 1808 Stein.

2)Staatskanzler Freiherr von Hardenberg (1750 – 1822) setzte die Reform fort, hob die Zünfte und die Leibeigenschaft auf und führte die Gewerbefreiheit ein. 1812 wurden die Juden als Staatsbürger gleichberechtigt.

3)Andere Patrioten in der preußischen Armee z.B. die Generale Gerhard David von Scharnhorst (1755 – 1813), Neidhardt von Gneisenau (1760 – 1831) und Karl von Clause- witz (1780 – 1831) reformierten die Armee trotz des Widerstandes der Junker. Anstelle Söldner wurde eine Volksarmee geschaffen. Die allgemeine Wehrpflicht wurde aufgefordert. Das junkerische Vorrecht auf die Offiziersstellen wurde beseitigt.

3.6.4 Der Feldzug gegen Russland und Napoleons Untergang

(1)Der Feldzug gegen Russland

Nachdem Napoleon 1807 Preußen und 1808 Österreich besiegt hatte, begann er am 24. Juni 1812 einen Feldzug gegen Russland. Der russische Oberbefehlshaber Kutusow (1745 – 1813) verwandte die Taktik der „Verbrannten Erde" und zündete sogar Moskau an. Wegen plötzlichen Frostes und russischer Angriffe auf dem Rückzug war Napoleons Armee sehr schlimm geschwächt. Sein Feldzug endete in einer Katastrophe.

(2)Die Völkerschlacht bei Leipzig 1813

Preußen schloss am 28. Februar 1813 in Kalisch ein Bündnis mit Russland, und erklärte am 16. März Frankreich den Krieg. Männer aus unterschiedlichen Gesellschafts- schichten meldeten sich zum freiwilligen Waffendienst. Der Krieg nahm die Züge eines Volksbefreiungskampfes an.

Im August standen Preußen, Russland, Österreich, England und Schweden zusammen gegenüber Napoleon. Bei der Völkerschlacht bei Leipzig vom 16. bis zum 19. Oktober 1813 erlitt Napoleon Niederlage.

(3)Napoleons Herrschaft der 100 Tage und sein Ende

Am 1. März 1815 konnte Napoleon noch einmal die „Herrschaft der 100 Tage" errichten. Nach seiner Niederlage bei Waterloo wurde er auf die Insel Sankt Helena verbannt, wo er 1821 stab.

Übungen VI.

1. Füllen Sie bitte die Lücken aus!

1) Die Französische Revolution begann mit dem _____ am 14. Juli 1789.

2)Napoleon krönte sich am _____ zum Kaiser und stellte die wichtigsten Errung- enschaften der Revolution durch ein neues Gesetzbuch, den „ _____ " sicher.

3)Am 17. März 1793 wurde die _____ gegründet, die das erste auf bürgerlich – demokratischen Grundsätzen beruhende Staatswesen auf deutschem Boden war und sich eng mit den Revolutionären in Straßburg und Paris verband.

4）Am 12 Juli 1806 wurde der _____ , eine Vereinigung von 16 verschiedenen deutschen Einzelstaaten mit Frankreich, in Paris gegründet.

5）Am _____ dankte der Kaiser Franz II. (1768 – 1835) ab, damit endete das Heilige Römisches Reich deutscher Nation nach fast 1000 jähriger Geschichte.

6）Nach dem _____ am 9. Juli 1807 war deutscher Boden ganz unter Napoleons Herrschaft.

7）Freiherrn vom Stein erließ am 9. Oktober 1807 das „ _____ ".

8）Napoleon begann am 24. Juni 1812 einen Feldzug gegen _____ .

9）Bei der _____ vom 16. bis zum 19. Oktober 1813 erlitt Napoleon Niederlage.

10）Am 1. März 1815 konnte Napoleon noch einmal die „ _____ " errichten.

2. Erklären Sie bitte den Begriff!
Der Rheinbund.

3.Beantworten Sie bitte die Fragen!

1）Nennen Sie bitte einige wichtige preußische Politiker, die unter Napoleons Herrschaft die Reform durchführten.

2）Wie hat Freiherr vom Stein das Reformwerk in Preußen unternommen?

3.7　Die Restauration und der Vormärz（1815－1848）

3.7.1　Der Deutsche Bund nach dem Wiener Kongress

（1）Wiener Kongress（1815）

1）Napoleon brachte Europa in große Unordnung und das deutsche Reich zu Ende. Nach Napoleons Niederlage zerfiel der Rheinbund. Auf dem Wiener Kongress vom 18. September 1814 bis zum 8. Juni 1815 versuchten fast alle europäischen Herrscher unter Leitung Klemens von Metternich (1773 – 1859), des österreichischen Staatsmanns, die Ordnung wieder herzustellen. Das Ziel war ein Ausgleich (Balance) der Mächte. Kein Staat sollte die Vorherrschaft (Hegemonie) in Europa gewinnen können.

2）Unter den anwesenden Herrschern und Staatsmännern in Europa spielten der russische Zar Alexander I. (1777 – 1825), der preußische König Friedrich Wilhelm III. (1770 – 1840) und der Kaiser von Österreich Franz I. (1804 – 1835) die wichtigste Rolle.

(2)Deutscher Bund（1815 – 1848/1851 – 1866）

Statt die erhoffte Einheit unter deutschen Staaten zu verwirklichen, wurde der Deutsche Bund am 8. Juni 1815 geschaffen. Unter Vorsitz von Österreich umfasste dieses lose Gebilde 39 Einzelstaaten. Der Bundestag in Frankfurt am Main stand an der Spitze. Die „Unabhängigkeit und Unverletzbarkeit" der einzelnen Staaten waren durch die Bundesakte garantiert. Österreich und Preußen rangen um die Vormachtstellung im Bund. Dieser lose Bund enttäuschte viele Bürger, die aktiv am Kampf gegen Napoleon teilgenommen und auf eine Belohnung gehofft hatten. Sie wollten politische Mitsprache (Emanzipation). Davor fürchteten sich die europäischen Herrscher jedoch. Der Deutsche Bund existierte mit Unterbrechung von 1848 bis 1851 bis zum Jahr 1866.

(3)Heilige Allianz

Am 26. September 1815 schlossen sich Preußen, Österreich, Russland in Paris unter Leitung des russischen Zar Alexanders I. zur Heiligen Allianz zusammen. Danach traten fast alle europäischen Monarchen, mit Ausnahme von England, der Türkei und dem Kirchenstaates, in den Bund ein. Durch diese Allianz sollte die Restauration der feudal – absolutistischen Ordnung verwirklicht werden. Die liberalen Gedanken (z.B. Verfassung, Bürger – und Menschenrechte, Parlament usw.), und neue revolutionäre Volksbewegungen mussten auch gemeinsam verhindert werden.

(4)Die Restauration

Nach der französischen Revolution und Napoleon wollten die europäischen Herrscher durch den Beschluss auf dem Wiener Kongress und die Heilige Allianz ihre Macht wiederherstellen. Die Monarchen wollten weiterhin die absolute Macht behalten. Europa sollte wieder so aussehen wie vor Napoleon und der Französischen Revolution.

(5)Die Einstellungen des Bürgertums

Das Bürgertum ist spätestens seit 1815 selbstbewusst geworden. Sehr viele besuchten eine Universität oder verdienten viel Geld als Kaufleute, viele arbeiteten als Beamte für den Staat.

Sie wollten die Herrscher nicht stürzen, sondern an der Politik teilnehmen dürfen und Rechte erhalten. Deswegen hatten sie auf eine Verfassung (Konstitution) gehofft und forderten eine konstitutionelle Monarchie, d. h. eine Verfassung, an die sich auch der Herrscher halten sollte. Außerdem hoffte das Bürgertum auf einen einheitlichen deutschen Staat.

Der Wiener Kongress enttäuschte das Bürgertum. Nur in einigen süddeutschen Staaten wie Bayern und Württemberg wurden Verfassungen erlassen. Preußen und Österreich blieben ohne Verfassung. Der deutsche Boden blieb ein zersplittertes Land. Der Nationalstaat war eine Idee des Bildungs – und Finanzbürgertums.

3.7.2 Die wichtigen Ereignisse im Vormärz (1815 – 1848)

Der Liberalismus und der Nationalismus waren sehr verbreitet im deutschen Bürgertum. Sie wollten einen liberalen deutschen Verfassungsstaat und politische Mitsprache durch das Parlament. Auf zahlreichen großen Veranstaltungen z.B. das Wartburgfest 1817 und das Hambacher Fest 1832 forderten sie einen liberalen Verfassungsstaat. Sie organisierten sich in zahlreichen Vereinen, vor allem Gesangs – und Turnvereinen. Die Studenten waren wichtiger Träger der bürgerlichen Bewegung. Sie bildeten sich in sogenannten Burschenschaften.

Das Bevölkerungswachstum, die Missernten und Hungersnöte verschärften die Konflikte zwischen dem Volk und den Herrschern. Die Herrscher reagierten mit harten Strafen und Verboten. Die Burschenschaften wurden durch die *Karlsbader Beschlüsse* 1819 verboten, die Presse – und Meinungsfreiheit eingeschränkt.

(1) Der Liberalismus

Der Liberalismus bezeichnet eine weltanschauliche Richtung, in der der einzelne Mensch und sein Recht auf Freiheit im Vordergrund stehen. Es ist die Weltanschauung des aufstrebenden Bürgertums, das sich gegenüber den Vorrechten der bevorzugten Stände des Adels und der Geistlichkeit und gegenüber der Allmacht des absolutistischen Staates zu behaupten begann. Der Liberalismus trat für freie wirtschaftliche Betätigung des einzelnen Unternehmers ein und forderte die Abschaffung des Zunftsystems und der Zollschranken. Wichtige liberale Forderungen waren Gewaltenteilung, Rechtsstaat und Pressefreiheit.

(2) Vormärz (1815 – 1848)

Die Jahre 1815 – 1848 waren die Gärungszeit zur bürgerlichen Revolution. Der Vormärz ist gekennzeichnet durch äußeren Frieden und gewaltsam erzwungene innere Ruhe, durch die Zersplitterung in zeitweise 39 Einzelstaaten, durch eine reaktionäre Knebelung aller nationalen und liberalen Bewegungen im „metternichschen System", dessen tragende Kräfte in den nationalen und liberalen Ideen und Forderungen die Anzeichen der Auflösung und der Zerstörung der alten Ordnung sahen. Vorkämpfer dieser Ideen wurden mithilfe der *Karlsbader Beschlüsse* verfolgt.

(3) Das Wartburgfest (1817)

Das Wartburgfest war eine von der Jenaer Burschenschaft veranstaltete Zusammenkunft von etwa 500 (meist evangelischen) Studenten aus elf deutschen Universitäten auf der Wartburg am 18. und 19. Oktober 1817 zur Erinnerung an das Reformationsjahr 1517 und die Völkerschlacht bei Leipzig 1813. Sie wählten die Farben Schwarz – Rot – Gold als Zeichen ihrer Verbindung, sahen „Freiheit, Ehre und Vaterland", als ihr Bekenntnis an. Die Zusammenkunft wurde zu einer Demonstration patriotischer und liberaler Kräfte und galt als bedeutende Manifestation der frühen deutschen studentischen Nationalbewegung.

(4)Die *Karlsbader Beschlüsse* (1819)

Auf den vom österreichischen Kanzler Metternich einberufenen Karlsbader Konferenzen vom 6. bis zum 31. August 1819, an denen neben Österreich und Preußen acht weitere deutsche Staaten teilnahmen, wurden Beschlüsse gefasst, die am 20. September 1819 von der Bundesversammlung einstimmig angenommen wurden. Diese Beschlüsse enthielten das Verbot der Burschenschaft und die Einsetzung eines „außerordentlichen landesherrlichen Bevollmächtigten", der an den Universitäten das Auftreten und Verhalten der Professoren und Studenten streng zu überwachen hatte. Alle Hochschullehrer, die „durch Missbrauch ihres rechtmäßigen Einflusses auf die Gemüter der Jugend, durch Verbreitung verderblicher, der öffentlichen Ordnung und Ruhe feindseliger oder die Grundlagen der bestehenden Staatseinrichtungen untergrabender Lehren ihre Unfähigkeit zur Verwaltung des ihnen anvertrauten wichtigen Amtes unverkennbar an den Tag gelegt haben", sollten rigoros aus ihren Ämtern entfernt und auch in keinem anderen Bundesstaat wieder angestellt werden. Ferner wurde in den *Karlsbader Beschlüssen* eine staatliche Vorzensur für alle Zeitungen, Zeitschriften und sonstige Druckschriften „ unter 20 Bogen im Druck" eingeführt.

(5)Das Hambacher Fest (1832)

Vom 27. bis zum 30. Mai 1832 kamen etwa 30 000 Menschen zum Hambacher Fest. Anders als bei dem 15 Jahre vorher veranstalteten Wartburgfest, bei dem vor allem Professoren und Studenten vertreten waren, hatten sich auf Schloss Hambach bei Neustadt an der Weinstraße auch zahlreiche Bürger, Handwerker und Arbeiter eingefunden. In den Festansprachen wurde die Forderung nach einem freien und geeinten Deutschland erhoben und die Entschlossenheit bekundet, dass das Volk selbst das Einigungswerk vollenden werde, wenn die Fürsten nicht von ihrem „Wolkenthron" herabsteigen würden. Damit war erstmalig deutlich geworden, dass die Freiheitsbewegung auch eine Lösung ohne die Fürsten in Betracht zog.

3.8 Die bürgerliche Revolution (1848/1949)

3.8.1 Der Revolutionsablauf

1) Spätestens seit 1815 hatte das deutsche Bürgertum den Wunsch nach einem liberalen Nationalstaat, einem geeinten Deutschland mit einer konstitutionellen Monarchie. Sie wollten das Mitspracherecht durch ein Parlament. Im Vormärz zwischen 1815 und 1848 wurden diese Wünsche immer wieder von den Herrschern u. a. *Karlsbader Beschlüssen*

1819 unterdrückt.

2) In Frankreich wurde am 22. Februar 1848 der König vom Volk durch die Februarrevolution gestürzt. Viele deutsche Bürger sahen darin ein Vorbild.

3) Am 13. und 18. März 1848 kam es jeweils in Wien und Berlin zu vielen Demonstrationen und gewalttätigen Unruhen. Märzrevolution brach unter deutschen Staaten aus.

4) Viele Bauern litten in dieser Zeit unter schlechten Ernten und Armut. Sie nahmen an den Protesten teil und verstärkten den Druck auf die Herrscher. Die Herrscher deutscher Staaten gaben dem Druck schnell nach. Reformen wurden erlaubt und die Presse erhielt mehr Freiheiten. Dennoch blieb noch viel Macht z.B. das Militär, und die Verwaltung in den Händen der Herrscher.

5) Das Bürgertum rief zu Wahlen auf. Am 18. Mai 1848 trat das frei gewählte Parlament in der Frankfurter Paulskirche zusammen. Es wurde auch Frankfurter Nationalversammlung oder Paulskirchenparlament genannt. Die Abgeordneten dieses Parlaments waren vor allem Bildungsbürger, sehr wenige Handwerker, Arbeiter oder Händler.

6) Liberale und Demokraten streiteten miteinander:

• Liberale wollten den Staat nicht umstürzen, sondern ihn zu einer konstitutionellen Monarchie reformieren.

• Demokraten wollten den Staat grundsätzlich verändern und eine Republik mit einem gewählten Präsidenten. Ihr Vorbild sind die USA.

7) Es gab auch den Streit um die Frage, wie ein geeintes Deutschland aussehen soll. Es ging um die Frage nach der großdeutschen oder der kleindeutschen Lösung:

• Kleindeutsche Lösung * von Liberalen: Deutschland soll ohne Österreich entstehen und von einem preußischen König von Hohenzollern regiert werden.

• Großdeutsche Lösung * der Demokraten: Deutschland soll auch Österreich mit einschließen, allerdings nur die Gebiete Österreichs, die in der Mehrheit von Deutschen bewohnt werden. Ungarn, Kroatien und Galizien würden nicht dabei sein. Das Oberhaupt soll aus Österreich unter Habsburgern kommen.

8) Am Ende setzten sich die Liberalen mit der Kleindeutschen Lösung durch, weil Österreich nicht auf Ungarn und Kroatien verzichten wollte. Am 3. April 1849 boten die Liberalen dem preußischen König Friedrich Wilhelm IV. (1795 – 1861) die deutsche Kaiserkrone an. Der König lehnte die jedoch ab und verweigerte die Durchführung der Reichsverfassung.

9) Weil sich die Nationalversammlung über ein Jahr nicht auf eine neue Verfassung einigen konnte und sich immer wieder zerstritt, hatten die deutschen Herrscher Zeit, wieder neue Kraft zu sammeln. Sie folgten dem König in der Reichsverfassungskampagne. Die bürgerliche Revolution scheiterte 1849. Die alten Herrscher übernahmen wieder die

Macht. Das Bürgertum war enttäuscht und entmutigt.

3.8.2 Die Gründe fürs Scheitern

1) Das deutsche Bürgertum hatte keine Erfahrungen mit einem selbständigen Parlament. Die Ordnung eines Parlaments musste sich erst langsam entwickeln.

2) Das Bürgertum gestattete den Herrschern, weiterhin Macht über das Militär und die Verwaltung auszuüben, damit besaßen die Herrscher wichtige Machtinstrumente.

3) Diese Machtinstrumente fehlten dem Parlament. Es hatte keine Exekutivgewalt wie z.B. Verwaltung und Militär. Das Parlament konnte viel beschließen, hatte aber keine Gewalt, die Beschlüsse durchzusetzen. Es musste sogar die Herrscher einige Male um Hilfe bitten.

4) Die revoltionären Kräfte einigten sich nicht. Das liberale Bürgertum fürchtete seinen linken Flügel, d.h. die radikalen Kräfte, die sich mit den Proletarischen verband. Die Großbauern nahmen auch eine schwankende Haltung ein. In der Nationalversammlung hatte das Bürgertum auch keine geeinte Meinung. Es wurde viel diskutiert, aber sehr wenig bestimmt. Die Verfassung musste immer wieder verändert werden.

5) Es fehlte die Unterstützung vom Volk. Nur am Anfang machten die Bauern mit, doch schon bald stand das Bürgertum alleine da. Die Mehrheit des Volkes hatte keine Meinung zu einem deutschen Nationalstaat oder lehnte diesen ab. Es waren kaum Vertreter der Handwerker, Arbeiter oder Bauern in dem Parlament, deshalb spricht man auch von der bürgerlichen Revolution.

3.8.3 Die Folgen der bürgerlichen Revolution

Wegen der Niederlage gingen die durch die Revolution errungenen demokratischen Rechte verloren. Die feudalen Verhältnisse wurden jedoch geschwächt, während die demokratischen Kräfte vorangetrieben wurden. Der Adel ergriff wieder die Alleinherrschaft, das Bürgertum zog sich auf Zeit aus der Politik zurück, wandte sich wirtschaftlichen Interessen zu, und förderte die industrielle Entwicklung. Die Frankfurter Nationalversammlung und die Verfassung von 1848 galten jeweils als wichtige Vorbereitung und das Muster für die spätere demokratische Entwicklung des 20. Jahrhunderts in Deutschland.

Wichtiger Begriff

* *Groß - oder Kleindeutschland*

Dies war die große Streitfrage, mit der sich die Verfassungsväter der Paulskirche 1848/1949 lange beschäftigten. Sie hing mit der Frage zusammen, ob das zukünftige Staatsoberhaupt wie im alten, 1806 aufgelösten Heiligen Römischen Reich deutscher Nation erneut vom Hause Habsburg, also vom österreichischen Kaiserhaus, gestellt werden sollte. Diesem Gedanken standen anfänglich viele konservative Abgeordnete nahe, vor allem auch süddeutsche Preußengegner. Auch viele der republikanisch gesinnten Demokraten traten für eine großdeutsche Lösung ein. Da Österreich jedoch die Forderung stellte, mit dem gesamten Staatsverband, also auch mit den von nichtdeutscher Bevölkerung bewohnten Gebieten, in das neuzuschaffende Reich einzutreten, gingen viele bisherige Großdeutsche zur kleindeutschen Lösung über, die die Identität des Reiches mit den im Deutschen Bund zusammengefassten deutschen Einzelstaaten unter preußischer Führung vorsah, wie sie bereits der Deutsche Zollverein vorgezeichnet hatte. Da jedoch der preußische König es ablehnte, die ihm angebotene deutsche Kaiserkrone aus der Hand der Revolutionäre entgegenzunehmen, war auch diese Lösung zum Scheitern verurteilt. Auch in der deutschen Politik der folgenden Jahre wurde über die Frage „großdeutsch oder kleindeutsch?" weiterhin gestritten, bis sie durch Bismarcks Einigungspolitik 1866 – 1871 im Sinne des kleindeutschen Nationalstaats unter preußischer Führung entschieden wurde.

Übungen VII.

1. Füllen Sie bitte die Lücken aus!

1) Nach Napoleons Niederlage versuchten fast alle europäischen Herrscher auf dem __ _____ vom 18. September 1814 bis zum 8. Juni 1815, die Ordnung wieder herzustellen.

2) Die Teilnehmer des Wartburgfestes wählten die Farben _____ als Zeichen ihrer Verbindung, sahen „ _____ , _____ und _____" als ihr Bekenntnis an.

3) Die _____ enthielten das Verbot der Burschenschaft und die Einsetzung eines außerordentlichen landesherrlichen Bevollmächtigten, der an den Universitäten das Auftreten und Verhalten der Professoren und Studenten streng zu überwachen hatte.

4) Vom 27. bis zum 30. Mai 1832 kamen etwa 30 000 Menschen zum _____ .

5) Am 13.und 18. März 1848 kam es jeweils in Wien und Berlin zu vielen Demonstrationen und gewalttätigen Unruhen. _____ brach unter deutschen Staaten aus.

6) Am 18. Mai 1848 trat das frei gewählte Parlament in der Frankfurter Paulskirche zusammen. Es wurde auch _____ oder _____ genannt.

2. Erklären Sie bitte die Begriffe!

1) Deutscher Bund.

2) Heilige Allianz.

3) Vormärz.

4) Der Liberalismus.

3. Beantworten Sie bitte die Fragen!

1)Was passierte auf dem Wartburgfest und dem Hambacher Fest? Was wollten die Menschen dort?

2)Was waren die Folgen der bürgerlichen Revolution 1848/49?

3.9 Industrielle Revolution (19. Jh.)

3.9.1 Der Anfang der Industriellen Revolution auf deutschem Gebiet

Die Industrielle Revolution setzte zuerst in England ein. Die Bevölkerung nahm seit dem 18. Jahrhundert stark zu, die Nachfrage nach Nahrung und Produkten musste befriedigt werden.

Neue Technologien und Produktionsweisen wurden entwickelt, so etwa eine Spinnmaschine (1767), die Dampfmaschine (1769) und der mechanische Webstuhl (1786). Vor allem das finanzstarke Bürgertum beförderte die Industrialisierung.

Die deutschen Staaten konnten lange Zeit mit England und Frankreich nicht konkurrieren. Erst ab 1850 setzte die Industrielle Revolution ins deutsche Gebiet ein, dessen Niveau ab 1890 etwa auf dem von England war.

Die Verzögerung der deutschen Industrialisierung lag daran:

1)Deutschland war noch politisch in viele Einzelstaaten zersplittert, was den (Binnen –) Handel behinderte.

2)In Deutschland fehlte ein selbstbewusstes und finanzstarkes Bürgertum.

3)In vielen deutschen Staaten bestanden noch viele Beschränkungen der Gewerbe – und Bewegungsfreiheit wie z.B. Feudalordnung.

Ab 1834 verbesserte sich die Handelsfreiheit auf deutschen Gebieten durch die Gründung des Deutschen Zollvereins. Die Gewerbefreiheit und die Bauernbefreiung setzten viele Arbeitskräfte frei.

Die Aufhebung der alten Feudalordnung brachte einen Wandel von der Agrargesellschaft hin zur Industriegesellschaft. Die Landwirtschaft und das Handwerk verloren an Bedeutung. Die Fabrikarbeit verbreitete sich, neue Industriezentren wie Ruhrgebiet, Saarland, Sachsen, Rhein – Main – Gebiet entstanden. Kernbereich der Industrialisierung war die Schwerindustrie wie z.B. die Stahlindustrie, die Kohleförderung und die Textilindustrie.

Der starke Bevölkerungsanstieg in Deutschland führte aber auch zu Massenarmut und Massenauswanderungen vor allem in den Westen Deutschlands oder in die USA.

3.9.2   Deutscher Zollverein (1834)

Trotz der verbreiteten Abneigung der mittleren und kleineren Staaten gegenüber einer preußischen Vormachtstellung kam es durch Verhandlungen zwischen der norddeutschen und der süddeutschen Zollbereichsgruppe zur Gründung des Deutschen Zollvereins, dem auch die meisten Staaten des Mitteldeutschen Handelsvereins beitraten. Die Verträge des Deutschen Zollvereins traten am 1. Januar 1834 in Kraft.

Österreich, dessen wirtschaftliche Interessen mehr nach Süden und Südosten ausgerichtet waren, gehörte dem Deutschen Zollverein nicht an.

Der Deutsche Zollverein war ein wichtiger Schritt auf dem Weg hin zum Deutschen Kaiserreich (ab 1871) und zeigte bereits die Form Kleindeutschlands ohne Österreich.

3.9.3   Der Eisenbahnbau

Die Eisenbahn ist das Symbol des Fortschritts. Die wichtigste Voraussetzung der Industrialisierung war der Eisenbahnbau, der die Transportkosten senkte und den Transport beschleunigte. Die Mobilität der Menschen erhöhte sich stark, dadurch konnten viele Menschen in die Industriegebiete übersiedeln.

Die deutschen Staaten verfügten bald über ein ausgedehntes Eisenbahnnetz (bis 1845: 2130 km; bis 1860: 11.600 km; bis 1880: 33.800 km). Der Eisenbahnbau benötigte viel Stahl und Kohle, steigerte die Nachfrage.

3.9.4   Die Folgen der Industrialisierung für die Menschen

Die Industrialisierung hatte für viele Menschen jedoch die folgenden Folgen:

1) Durch die Überbevölkerung und das Überangebot an Arbeitern konnten die Fabrikbesitzer die Löhne stark senken und die Arbeitszeiten stark erhöhen (bis 18 Stunden pro Tag an 6 Tagen die Woche).

2) Um eine Familie zu ernähren, mussten auch die Frauen und Kinder arbeiten gehen. Die Frauen erhielten nur die Hälfte des normalen Lohnes, die Kinder sogar nur ein Viertel.

3) Weil die Kinder so viel arbeiten mussten, konnten sie keine Schule besuchen und keine Bildung erwerben, damit später auch nicht in der Gesellschaft aufsteigen.

4) Die schlechte Bezahlung und die hohen Preise für Miete und Nahrungsmittel sorgten dafür, dass die Menschen sich nur schlecht ernähren können und es viele Krankheiten gab, die Hygiene in den Arbeitsumgebungen war häufig schlecht.

5) Wenn der Haupternährer der Familie, zumeist der Vater sich verletzte oder starb, war auch die Familie ruiniert, weil sie nicht mehr genug Geld verdienen konnten.

3.9.5 Der Beginn der deutschen Arbeiterbewegung

(1) Die Vorläufer der proletarischen Bewegung

Karl Marx (1818 - 1883), Denker und Organisator der proletarischen Bewegung, wurde 1818 als Sohn eines jüdischen Gelehrten in Trier geboren. In der Verbannung in England schuf er mit Friedrich Engels (1820 - 1895) das System des „wissenschaftlichen Sozialismus". Er interpretierte die Menschheitsgeschichte als Abfolge von Klassenkämpfen und zielte auf revolutionäre politische Aktion der Arbeiterschaft zum Umsturz der bestehenden Gesellschaftsordnung.

Vom 2. bis zum 9. Juni 1847 wurde der 1836 in Paris gegründete Bund der Gerechten auf Engels Vorschlag zum Bund der Kommunisten umgestaltet. Marx wurde zum Präsidenten des Bundes gewählt. Am 21. Februar 1848 veröffentlichte er *Das Manifest der Kommunistischen Partei* zum Aufruf zum gemeinsamen Kampf gegen den Kapitalismus.

(2) Der Beginn der politischen Arbeiterbewegung

Der Staat, die Kirche und das Bürgertum kümmerten sich erst ab den 1890er Jahren um die Not der Arbeiter. Die Wirkung der marxistischen Lehre war jedoch unermesslich. Die Arbeiter organisierten sich selbst in Gewerkschaften. Gelegentlich sorgten auch die Fabrikbesitzer für bessere Bedingungen, dadurch stieg auch die Leistungskraft der Arbeiter.

Vom 4. bis zum 6. Juni kam es zum Aufstand der schlesischen Weber, der auch der erste deutsche Arbeiteraufstand war.

Ferdinand Lassalle (1825 - 1864) fasste die schon vorher regional entstandenen Arbeiterbildungs - und Unterstützungsvereine zusammen, gründete am 23. Mai 1863 in Leipzig die erste große Organisation der Arbeiter, den Allgemeinen Deutschen Arbeiterverein (ADAV). Lassalles Ziele waren die Gründung einer selbstständigen politischen Partei, allgemeines, gleiches und direktes Wahlrecht und die Einrichtung von Arbeiter - Produktionsgenossenschaften mit der Unterstützung des Staates. Damit begann die politische Organisierung der deutschen Arbeiterbewegung.

Ebenfalls entstand 1863 in Eisenach der liberal - demokratische Vereinstag deutscher Arbeitervereine, der zum Kern der 1869 von August Bebel (1840 - 1913) gegründeten Sozialdemokratischen Arbeiterpartei wurde. Beide Organisationen vereinigten sich 1875 in Gotha zur Sozialistischen Arbeiterpartei Deutschlands (SAP), aus der 1891 die Sozialdemokratische Partei Deutschlands (SPD) wurde. Schon in dieser frühen Phase der Parteientwicklung waren revolutionäre Strömungen marx´scher Prägung und reformerische, aus Lassalles Gedanken hervorgegangene Ideen nebeneinander wirksam.

Die Arbeiter forderten bessere Arbeitsbedingungen, politisches Mitspracherecht und einen demokratischen Volksstaat. Von einer großen Revolution des Proletariats, wie Marx sie forderte, hielten viele Arbeiter jedoch wenig. Der Streik wurde zu ihrem wichtigsten Druckmittel. Ab 1890 versuchte der Staat die Lage der Arbeiter zu verbessern, weil die SPD immer mehr Anhänger fand und immer mehr Einfluss gewann.

3.9.6 Die soziale Frage

Das ist im 19. Jahrhundert geprägte Bezeichnung für die Gesamtheit der sozialen Probleme (Kinderarbeit, lange Arbeitszeit, elende Wohnverhältnisse u. a.), unter denen die Arbeiterfamilien durch die industrielle Revolution litten. Der sozialen Frage galt, zumal nach dem Entstehen der Arbeiterbewegung, in der 2. Hälfte des 19. Jahrhunderts auch das Interesse des liberalen Bürgertums und der Kirchen.

Bismarcks Sozialpolitik steht für den Versuch, die soziale Frage durch politische und gesetzliche Initiativen zu lösen. Der Ausbau eines Systems der sozialen Sicherung und wachsender allgemeiner Wohlstand in den Industriestaaten drängten die soziale Frage in der 2. Hälfte des 20. Jahrhunderts zurück, doch stößt die Leistungsfähigkeit des Sozialstaats zunehmend an Grenzen.

Übungen VIII.

1. Füllen Sie bitte die Lücken aus!

1) Die Industrielle Revolution setzte zuerst in _____ ein.

2) Erst ab _____ setzte die Industrielle Revolution ins deutsche Gebiet ein.

3) Ab 1834 verbesserte sich die Handelsfreiheit auf deutschen Gebieten durch die Gründung des _____ .

4) Am 21. Februar 1848 veröffentlichte Karl Marx _____ zum Aufruf zum gemeinsamen Kampf gegen den Kapitalismus.

5) Vom 4. bis zum 6. Juni 1848 kam es zum _____ , der auch der erste deutsche Arbeiteraufstand war.

6) Am 23. Mai 1863 wurde in Leipzig _____ , die erste große Organisation der Arbeiter, von Ferdinand Lassalle gegründet.

2. Erklären Sie bitte den Begriff!

Die soziale Frage.

3. Beantworten Sie bitte die Fragen!

1) Woran lag die Verzögerung der deutschen Industrialisierung?

2) Was waren die Folgen der Industrialisierung für die Menschen?

3) Nennen Sie bitte die zwei wichtigsten Vorläufer der proletarischen Bewegung.

3.10 Der Weg zur deutschen Einheit（1850 – 1871）

3.10.1 Das Verhältnis nach der Revolution 1848/1949

(1)Reaktionäre Zeit

Nach der gescheiterten Revolution von 1848/1949 waren viele Bürger enttäuscht und mutlos. Die Herrscher behielten die Macht und bauten sie weiter aus. Die Herrscher wollten verhindern, dass es noch einmal zu einer Revolution kommen würde.

In den deutschen Staaten wurden strenge Gesetze gegen Demokraten und Liberale erlassen. Viele Vereine wurden verboten, die Presse – und Meinungsfreiheit wurde eingeschränkt. Viele Bürger zogen sich aus der Politik zurück, glaubten nicht mehr an die deutsche Einheit.

Preußen war inzwischen zur stärksten Macht unter den deutschen Staaten geworden. Preußens Wirtschaft war sehr stark und sein politischer Einfluss wurde immer größer, während Österreich den Einfluss und die Wirtschaftskraft verlor.

(2)Otto von Bismarck（1815 – 1898）

Im September 1862 berief Preußens König Wilhelm I. Otto von Bismarck (1815 – 1898), den Vertreter der preußischen Junker, zum Ministerpräsidenten, der durch seine politische Maßnahmen der wichtigste Politiker Preußens wurde.

Bismarck wollte Preußens Macht steigern, er glaubte, dass eine deutsche Einheit die Macht von Preußen sichern würde. Deshalb wollte er Deutschland unter preußischer Führung vereinigen.

Bismarck war konservativ und wollte nicht, dass das Volk Deutschland zu einem geeinten Land macht („Einigung von unten"), sondern die Regierung sollte dies tun („Einigung von oben"). Er verhinderte deswegen eine Revolution und hatte viele Konflikte mit dem liberalen Bürgertum.

Bismarck war bereit, auch gegen das preußische Abgeordnetenhaus * und die Verfassung des Staates zu arbeiten. Er wollte einen starken König, notfalls auch für kurze Zeit eine Diktatur des Königs.

3.10.2 Die Einigung durch „Eisen und Blut"

Zwischen Österreich und Preußen gab es immer mehr Konflikte. Der kleindeutschen Lösung nach wollte Preußen die Macht in Deutschland ausbauen und musste dazu Österreich aus dem deutschen Verbund hinausdrängen.

Bismarck verwirklichte seine Einigungskonzeption Deutschlands „von oben" nicht nur durch „Eisen und Blut", sondern auch durch diplomatische Intrigen und dynastische Kriege gegen Dänemark, Österreich und Frankreich.

(1) Deutsch – dänischer Krieg 1864

Schleswig und Holstein waren mit Dänemark verbunden. Die deutsche Bevölkerung der beiden Herzogtümer fühlte sich unterdrückt. Als Dänemark 1864 das deutsche Herzogtum Schleswig und Holstein erobern wollte, führten und gewannen Preußen und Österreich gemeinsam Krieg gegen Dänemark. Dann wurden Schleswig von Preußen, Holstein von Österreich verwaltet. Daraus kam es zwischen Preußen und Österreich jedoch zum Streit um Schleswig und das benachbarte Herzogtum Holstein.

(2) Preußisch – österreichischer Krieg 1866

Am 17. Juni 1866 erklärte Österreich Preußen den Krieg. Preußen verfügte über ein gutes Eisenbahnnetz, seine Truppen konnten sehr schnell bewegen. Durch den Sieg in der entscheidenden Schlacht bei Königgrätz gewann Preußen diesen sogenannten „Siebenwöchigen Krieg" sehr schnell. Dem *Prager Frieden* am 23. August 1866 zufolge trat Österreich aus dem Deutschen Bund zurück. Preußen löste den Deutschen Bund auf, und gründete den Norddeutschen Bund. Österreich wurde im Februar 1867 zur österreichisch – ungarischen „Doppelmonarchie", die bis zum 3. November 1918 bestand.

(3) Norddeutscher Bund 1867 – 1871

Anstelle des Deutschen Bundes wurde der Norddeutsche Bund durch Bismarck unter Ausschluss Österreichs am 18. August 1866 geschlossen. Unter Führung von Preußen bestand er aus 17 norddeutschen Kleinstaaten. Nach dem Friedensvertrag traten das Großherzogtum Hessen, das Königreich Sachsen, das Fürstentum Reuß ältere Linie und das Herzogtum Sachsen – Meiningen bei. Die am 17. April 1867 verkündete Verfassung trat am 1. Juli 1867 in Kraft. Die liberalen und föderalistischen Elemente des Norddeutschen Bundes waren ein Entgegenkommen an die süddeutschen Staaten. Seine Tendenz diente zur Absicherung der preußischen Hegemonie, und zum Ausdruck der Reichsgründung „von oben". Zu Beginn des Deutsch – französischen Krieges 1870/71 schlossen sich die süddeutschen Staaten an.

(4) Deutsch – französischer Krieg 1870 – 1871

Der französische Kaiser Napoleon III. (1808 – 1873) betrachtete Preußen mit großer Sorge, weil er sich vor einem zu starken Staat im Osten Frankreichs fürchtete. Bismarck glaubte, nur durch einen Krieg gegen Frankreich auch die Innenpolitik Preußens und des ganzen deutschen Gebiets festigen zu können. Er suchte einen Anlass zum Konflikt mit Frankreich und fand ihn 1870 schließlich durch die Emser Depesche∗. Frankreich wurde provoziert und erklärte am 19. Juli Preußen den Krieg. Am 2. September 1870 gewann Preußen mithilfe besserer Ausrüstungen diesen Krieg.

（5）Die Gründung des Deutschen Reiches

Am 18. Januar 1871 wurde der preußische König Wilhelm I. (1797 – 1888) im Spiegel-saal des Schlosses Versailles schließlich zum Deutschen Kaiser ausgerufen. Das Deutsche Kaiserreich wurde gegründet.

Nach den Siegen über Österreich und Frankreich glaubten die Deutschen, dass es die Weltmacht der Zukunft und unbesiegbar sei. Durch Kriege und das Militär, nämlich durch „Blut und Eisen" wurde das Deutsche Kaiserreich geschaffen. Dies war für das Kaiserreich eine wichtige Eigenschaft, Krieg galt als ein gutes und erfolgversprechendes Mittel der Politik. Zugleich begann hier die lange Erbfeindschaft zwischen Deutschland und Frank-reich.

（6）Die Unterdrückung der Pariser Kommune

Es war den Pariser Arbeitern gelungen, am 18. März 1871 eine Arbeiterregierung, die Pariser Kommune zu gründen, die auch zur ersten proletarischen Revolution in der Welt-geschichte zählte. Die französische Bourgeoisie und Thiers (1797 – 1877) Regierung bat Bismarck um Hilfe. Bismarck gestattete Thiers Truppen, durch die deutschen Besatzungs-gebiete in Paris aufzumarschieren. Die Kommune wurde vom Rücken angegriffen und endlich erstickt.

Wichtige Begriffe

* *Preußisches Abgeordnetenhaus*

Nach der preußischen Verfassung, die der preußische König Wilhelm I. (1797 – 1888) akzeptiert hatte, sollte das preußische Abgeordnetenhaus über die Steuern und das Militär des Landes mitbestimmen dürfen. Die Abgeordneten wurden nach dem Dreiklassenwahl-recht gewählt, d.h. je reicher ein Mann war, desto mehr zählte seine Stimme. Das Abgeord-netenhaus konnte Steuern verzögern oder Militärausgaben blockieren. Dies geschah 1861 und führte zum Verfassungskonflikt * .

* *Verfassungskonflikt*

Die Auseinandersetzungen in Preußen zwischen Krone und Regierung sowie Abgeord-netenhaus um die seit 1860 betriebene Heeresreform (1861 – 1866; „Konfliktzeit"). Nach-dem das preußische Abgeordnetenhaus die begonnene Reorganisation der Armee 1860 und 1861 mit der jeweils für ein Jahr geltenden Haushaltszustimmung vorläufig gestützt hatte, verweigerte es im September 1862 mit seiner neuen liberalen Mehrheit die Zustimmung zum Etat. Die folgende Krise, begleitet von der Androhung der Abdankung von König Wilhelm I., führte mit der Entlassung der liberalen Minister zum Ende der Neuen Ära in Preußen. Auf dem Höhepunkt der Krise, der Ablehnung des Militäretats durch das Parla-ment am 23. September 1862, berief der König am 24. September von Bismarck zum

Ministerpräsidenten, und am 8. Oktober auch zum Außenminister. Ihm gelang ein Wandel der öffentlichen Meinung. Mit Unterstützung v. a. der Nationalliberalen endete im Deutschen Krieg von 1866 der Verfassungskonflikt politisch mit der Gründung des Norddeutschen Bundes 1867. Verfassungsrechtlich wurde er ebenfalls 1866 beigelegt.

* *Emser Depesche*

Das Telegramm von H. Abeken vom 13. Juli 1870 aus Bad Ems mit dem Bericht über die Unterredung König Wilhelms I. von Preußen mit dem französischen Botschafter V. Graf Benedetti über die französische Forderung nach einem Verzicht auf die Thronkandidatur von Hohenzollern in Spanien. Wegen der seit längerem gespannten Beziehungen zwischen den deutschen Staaten und Frankreich veröffentlichte Bismarck am 14. Juli die Depesche in radikal gekürzter Form und damit provozierte er gegen die Absicht des preußischen Königs die französische Kriegserklärung (19. Juli 1870; Deutsch – Französischer Krieg 1870/71).

3.11 Deutsches Reich (1871 – 1918)

3.11.1 Deutsche Innenpolitik nach 1871

Laut Verfassung war das Deutsche Reich ein Bundesstaat, d.h. die einzelnen Länder z. V. Preußen, Bayern, Baden usw. hatten viele eigene Rechte und konnten über den Bundesrat über die Politik des Reiches mitbestimmen.

Preußen und die süddeutschen Staatenhatten das größte Gewicht. Der deutsche Kaiser war zugleich der König von Preußen, der deutsche Reichskanzler z.B. Bismarck war zugleich Ministerpräsident von Preußen. Der Reichskanzler und der Kaiser konnten in wichtigen Fragen wie z.B. die Außenpolitik und das Militär ohne den Reichstag entscheiden.

Die Parteien im Reich waren vor allem SPD, Liberale, Zentrum (Katholiken), Nationalliberale und Konservative. Das Parlament hatte nur sehr wenige Rechte (vgl. Reichstag) und verlor unter Wilhelm II. immer mehr Macht.

Das liberale (protestantische) Bürgertum fand sich hingegen immer mehr mit der autoritären Politik Bismarcks ab, und gab seine eigenen Ideale wie z.B. Demokratie, Mitspracherechte, Pressefreiheit auf, weil es an die Erfolge Bismarcks glaubte.

(1)Der Bundesrat

Im Deutschen Reich (1871 – 1918) war der Bundesrat als die Vertretung der einzelstaatlichen Regierungen das oberste Reichsorgan und der Träger der Souveränität. Seine Bedeutung trat zunehmend hinter Kaiser und Reichstag zurück. Die Stimmen (seit 1911: 61, davon Preußen 17) verteilten sich nach der Größe der Bundesstaaten. Die Mitglieder stimmten nach der Instruktion ihrer Regierung, den Vorsitz führte der Reichskanzler. Der Bundesrat konnte jede Änderung der Reichsverfassung ablehnen und entschied Streitfälle zwischen Gliedstaaten. Die Reichsgesetze bedurften seiner Zustimmung.

（2）Der Reichstag

Im Reich vertrat der Reichstag das Volk. Er verkörperte neben dem Kaiser die Einheit des Reiches. Gemeinsam mit dem Bundesrat übte er die Reichsgesetzgebung aus und besaß die Mitentscheidung über das jährliche Haushaltsgesetz. Der Reichstag ging aus allgemeinen, gleichen und unmittelbaren Wahlen mit geheimer Abstimmung hervor und zählte (seit 1874) 397 in Einerwahlkreisen gewählte Mitglieder. Die Abgeordneten waren Vertreter des gesamten Volkes und nicht an Weisungen gebunden. Sie genossen parlamentarische Immunität und Indemnität. Die Wahlperiode betrug drei, seit 1888 fünf Jahre. Zur Auflösung des Reichstags war ein Beschluss des Bundesrats unter Zustimmung des Kaisers erforderlich.

Nach der Reichsgründung 1871 erlebte das Deutsche Reich ein enormes Wirtschaftswachstum „Gründerboom" bis 1873. Die deutsche Industrie wuchs trotz einiger Krisenjahre zwischen 1873 und 1890 beständig und sorgte dafür, dass die deutsche Wirtschaft, vor allem die Schwerindustrie, Chemie – und Elektrobranche zu einer der wichtigsten auf der Welt wurde. Auch in der Wissenschaft wurde das Deutsche Reich zu einer Weltmacht. Viele Forschungseinrichtungen wurden gegründet oder zusammengeschlossen.

Mit der Reichsgründung erfüllten sich die Hoffnungen vieler Menschen auf einen geeinten Staat. Das nationale Denken bestimmte die Politik und die öffentliche Diskussion. Deutschland war der Meinung, eine „verspätete Nation" zu sein und deshalb alles z.B. im Wirtschaftswachstum, in der Militärstärke und in den Kolonien usw. ganz schnell nachholen zu müssen.

Viele Gruppen z.B. die Katholiken, die Sozialdemokraten, die Polen wurden jedoch von der Regierung als „Staatsfeinde" beschrieben. Bismarck glaubte nicht, dass diese Gruppen sich mit dem Deutschen Kaiserreich identifizieren würden. Deshalb versuchte er, durch harte Gesetze oder Verbote z.B. den Kulturkampf und die Sozialistengesetze die Macht der Katholiken sowie der Arbeiterbewegung zu schwächen, dies gelang ihm aber nicht dauerhaft.

（3）Der Kulturkampf

Um die Macht der Kirche zu beschneiden und gegen die neugegründete Partei, das Zentrum, die Partei des politischen Katholizismus, vorzugehen, ergriff Bismarck seit 1871 eine Reihe von Kampfmaßnahmen zum Verbot kirchlichen Lebens im Reich. Das Zentrum wuchs trotzdem schnell und gewann mehr Sitze im Reichstag. Schließlich musste Bismarck sich mit der Kirche versöhnen.

(4) Sozialistengesetze

Die Sozialistengesetze waren von Bismarck nach den Attentaten auf Kaiser Wilhelm I. durchgesetztes Ausnahmegesetz vom 21. Oktober 1878 gegen die „gemeingefährlichen Bestrebungen" der deutschen Sozialdemokratie, auf $2^{1/2}$ Jahre befristet, bis 1890 mehrmals verlängert. Es ermächtigte die Polizei zur Auflösung aller sozialdemokratischen, sozialistischen und kommunistischen Vereine, zur Ausweisung von Propagandisten und zur Beschlagnahme ihrer Schriften.

(5) Die Sozialpolitik

Im Reichstag wurde die SPD immer stärker. Sie bildete eine große Macht, wurde aber von den anderen Parteien und der Regierung isoliert. Obwohl die SPD die stärkste Partei war, hatte sie bis 1914 auf die Politik keinen direkten Einfluss.

Um der SPD Wähler zu nehmen, bemühte sich Bismarcks Regierung darum, die Situation der Arbeiter zu verbessern. 1881 kündigte eine „kaiserliche Botschaft" staatliche Schutz- und Fürsorgemaßnahmen an. Von 1883 bis 1889 wurde eine Reihe Versicherungsgesetze für Krankenheit, Unfall, Alter und Invalidität verkündet. Obwohl die Maßnahmen nur schwach und halbherzig waren, war Deutschland das erste Land der Welt, in dem Sozialversicherungsgesetze eingeführt wurden.

3.11.2 Deutsche Außenpolitik nach 1871

Die Gründung des Deutschen Kaiserreiches 1871 sorgte in Europa für Misstrauen. Die europäischen Staaten hatten Angst vor einem zu starken Staat in der Mitte Europas. Deshalb war es das Ziel der Außenpolitik Bismarcks, Vertrauen ins Deutsche Reich aufzubauen. Bismarck sagte, dass Deutschland sich nicht mehr vergrößern wolle, es sei „saturiert".

Das Ziel der deutschen Außenpolitik unter Bismarck war ein stabiles Europa und zugleich die Isolation Frankreichs, weil Frankreich Rache für die „Schmach von 1870/1871" und den Verlust Elsass-Lothringens wollte.

Nach dem Tod des Kaisers Wilhelm I. kam Wilhelm II. (1859 - 1941) am 9. März 1888 an die Macht. Der neue Kaiser wollte, dass Deutschland schnell zur Weltmacht würde. Aus den Auseinandersetzungen in der Politik trat Bismarck am 18. März 1890 zurück. In der Zeit nach Bismarck wurde die deutsche Außenpolitik unter Kaiser Wilhelm II. vollständig verändert und immer aggressiver und arroganter, was die anderen europäischen Staaten beunruhigte.

(1) Das Bündnissystem Deutschlands unter Bismarck

1) Es gelang Bismarck, 1873 ein *Dreikaiserabkommen* zwischen Russland, Deutschland und Österreich zustande zu bringen.

2）Als die Auseinandersetzung zwischen Russland und Österreich - Ungarn in der Balkanpolitik aufkam, bestand die Gefahr, dass Deutschland einen von beiden Freunden verlieren würde. Bismarck bot seine Vermittlung an, leitete am 13. Juni 1878 die Verhandlung auf dem Berliner Kongress und ordnete dadurch die neuen Verhältnisse auf der Balkanhalbinsel.

3）Russland war mit dem Beschluss vom Berliner Kongress über die Balkan nicht zufrieden. Es drohte bald, dass das Bündnis zwischen Russland und Österreich - Ungarn zerbrach. Bismarck schloss 1879 mit Österreich - Ungarn den Zweibund. Beide Seiten versprachen, sich gegenseitig zu unterstützen, falls eine von ihnen durch Russland angegriffen würde. Wegen des Gegensatzes zu Frankreich um Tunis trat Italien am 20. Mai 1882 in Wien in den Bund ein. Da kam es zum Dreibund.

4）Bismarck fürchtete, dass Russland Frankreich nahekommen würde. Nach der Überwindung vieler Schwierigkeitengelang es ihm, am 18. Juni 1887 ein geheimes Neutralitätsabkommen, den sogenannten *Rückversicherungsvertrag* mit Russland zu schließen. Die beiden Staaten garantierten sich die Neutralität, falls Deutschland von Frankreich oder Russland von Österreich - Ungarn angegriffen würde.

5）Bismarck beachtete auch das gute Verhältnis zu England.Am 16. Dezember 1887 brachte er Mittelmeerentente zwischen Deutschland mit England und Italien zustande. Durch ihr Abkommen wurde die Aufrechterhaltung der Besitzverhältnisse am Mittelmeer gesichert.

（2）Zerbrechung Bismarcks Bündnissystems unter Wilhelm II.

Die abenteuerliche Außenpolitik unter Wilhelm II. führte schnell zur Zerbrechung Bismarcks Bündnissystems. Er bevorzog die Beziehungen zu Österreich - Ungarn und erneute den *Rückversicherungsvertrag* ab 1890 nicht mehr. Das Bündnis mit Russland wurde aufgelöst. Frankreich und England rückten näher zusammen, und entwickelten 1904 Entente Cordiale. 1907 einigten sich auch Frankreich und England mit Russland auf ein gemeinsames Bündnis Tripel Entente. Deutschland isolierte sich selbst und hatte nur noch mit Österreich - Ungarn ein enges Bündnis.

（3）Deutsche Kolonialpolitik unter Bismarck und Wilhelm II.

Um das Deutsche Reich auf dem Festland zu sichern, wollte Bismarck keine weiteren Konflikte mit den europäischen Mächten riskieren. Er wandte sich zögernd der Kolonialpolitik zu. Verglichen mit England und Frankreich war der Kolonialbesitz Deutschlands klein. 1898 besetzte Deutschland das Gebiet Jiaozhou mit der Stadt Qingdao in China.

Der neue Kaiser Wilhelm II. wollte durch seine „Weltpolitik" die Kolonien in aller Welt und den „Platz an der Sonne", d. h. Kolonien in Afrika und Asien erobern. 1900 brach in China der „I – ho – tuan"– Aufstand (Boxeraufstand) gegen die imperialistischen Aggressoren aus. Unter der Führung von Alfred Graf von Waldersee (1832 – 1904), des Oberbefehlshabers der internationalen Interventionstruppen aus acht Kolonialmächten wurde der Aufstand erstickt. .

(4) „Platz an der Sonne"

Der „Platz an der Sonne" war eine 1897 vom späteren Reichskanzler Bernhard von Bülow (1849 – 1929) verwendete Formulierung, in der sich das Streben des deutschen Kaiserreiches nach Macht, wirtschafts – und kulturpolitischer Weltgeltung ausdrückte (u. a. Erwerb von Kolonien).

Die Weltpolitik von Wilhelm II. führte dazu, dass die europäischen Großmächte immer misstrauischer gegenüber Deutschland wurden. Wegen des Wachstums des Nationalismus in Europa glaubte man, dass ein Krieg zwischen den europäischen Staaten (ein „Stahlbad") unausweichlich sei.

Übungen IX.

1. Füllen Sie bitte die Lücken aus!

1) Im September 1862 berief Preußens König Wilhelm I. _____ zum Ministerpräsidenten.

2) Am 17. Juni 1866 erklärte Österreich Preußen den Krieg. Preußen gewann diesen sogenannten „ _____ " sehr schnell.

3) Österreich wurde im Februar 1867 zur österreichisch – ungarischen „ _____ ", die bis zum 3. November 1918 bestand.

4) Durch Kriege und das Militär, nämlich durch „ _____ " wurde das Deutsche Kaiserreich geschaffen. Am _____ wurde es im Spiegelsaal des Schlosses Versailles gegründet.

5) Es war den Pariser Arbeitern gelungen, am 18. März 1871 eine Arbeiterregierung, die _____ zu geründen, die auch zur ersten proletarischen Revolution in der Weltgeschichte zählte.

6) _____ war das erste Land der Welt, in dem Sozialversicherungsgesetze eingeführt wurden.

7) kam am 9. März 1888 an die Macht. Der neue Kaiser wollte, dass Deutschland schnell zur Weltmacht würde.

8) 1898 besetzte Deutschland das Gebiet _____ mit der Stadt _____ in China.

2. Erklären Sie bitte die Begriffe!

1) Die Kleindeutsche Lösung.

2）Der Norddeutsche Bund.

3）Der Kulturkampf.

4）Die Sozialistengesetze.

3. Beantworten Sie bitte die Fragen!

1）Nennen Sie bitte die dynastischen Kriege，durch die Bismarck die Einigung Deutschlands vollendet.

2）Wie wurde das Bündnissystem Deutschlands unter Bismarck vollendet?

3）Wie beurteilen Sie Otto von Bismarck?

4 Die neuste Zeit (Anfang des 20.Jh.– 1945)

4.1 Der Erste Weltkrieg (1914 – 1919)

Der deutsche Kaiser Wilhelm II. wollte Deutschland so schnell wie möglich zu einer Weltmacht machen. Er geriet in Konflikt mit dem Reichskanzler Bismarck und entließ ihn 1890.

Deutschland baute eine große Flotte auf und trat damit in Konkurrenz mit England. Das Bündnis mit Russland wurde nicht verlängert. Russland trat dem Bündnis Tripel Entente 1907 von England und Frankreich bei. Bismarcks ausgeglichenes Bündnissystem wurde aufgelöst. Deutschland war umgeben von Bündnisgegnern und hatte selbst nur Dreibund 1882 mit Österreich – Ungarn und Italien.

Weil die europäischen Staaten immer neue Bündnisse schlossen und immer mehr Waffen bauten, glaubten viele Menschen, dass ein Krieg unausweichlich sei. Viele Zeitungen und Vereine verstärkten dieses Gefühl durch nationalistische Propaganda unter dem Motto: Die Anderen wollen uns etwas wegnehmen, sie gönnen uns nichts.

Mit unvorsichtigen Äußerungen und Aktionen wurden Wilhelm II. und Deutschland in Europa als eine gefährliche, arrogante und egozentrische Macht betrachtet. In Deutschland glaubte man, dass Frankreich Rache für 1871 nehmen würde. Und seit 1871 galt der Krieg in Deutschland auch als ein gutes Mittel der Politik.

Ein Krieg wurde als notwendig betrachtet, um die eigene Zukunft zu sichern. Jeder Staat hatte Angst vor dem anderen, es herrschte eine große Nervosität.

(1) Der Mord von Sarajewo 1914

Am 28. Juni 1914 wurde in Sarajewo (Serbien) der österreichische Thronfolger Franz Ferdinand (1863 – 1914) von einem serbischen Nationalisten ermordet. Österreich erklärte am 28. Juli 1914 Serbien den Krieg, nachdem Österreich die volle Unterstützung des Deutschen Reiches erhalten hatte.

(2) Der Beginn des Ersten Weltkriegs

Serbien wurde von Russland geschützt, deshalb mobilisierte Russland seine Armee am 29. Juli 1914. Deutschland erklärte am 1. August Russland und am 3. August Frankreich den Krieg. Am 4. August erklärte England Deutschland den Krieg.

（3）Der Ablauf des Krieges

1）Zu Beginn des Krieges im Jahr 1914 waren die Menschen begeistert. Sie glaubten, dass der Krieg schnell vorbei sei und dass man wieder gewinne. Durch einen überraschenden Angriff „Schlieffen – Plan" über das neutrale Belgien wollte Deutschland schnell Frankreich besiegen und seine Kräfte auf Russland konzentrieren. Dies gelang aber nicht. Deutschland und Österreich mussten nun an vielen Fronten gleichzeitig kämpfen. Der Krieg wurde zu einem Stellungskrieg und einer Materialschlacht.

2）In der zweiten Phase 1915 – 1916 kostete der Krieg immer mehr Menschen das Leben. An der Westfront zählten die Schlacht um Verdun vom 21. Februar bis zum 19. Dezember und die Schlacht an der Somme vom 1. Juli bis zum 18. November 1916, an der Ostfront die Sommeroffensive von Russland zu den größten Schlachten auf dem Festland. Es wurden neue Waffen wie Maschinengewehre, Panzer, Flugzeuge und sogar Giftgas eingesetzt.

Durch die Skagerrakschlacht gegen Deutschland vom 31. Mai bis zum 1. Juni behielt England immer noch die Seeherrschaft. England blockierte mit seinen Schiffen die deutschen Häfen, deshalb wurde auch die Versorgung des deutschen Volkes immer gestört. Weil viele Menschen hungern mussten (vor allem im Hungerwinter 1916/1917), wurde die Stimmung in Deutschland immer schlechter.

3）In der dritten Phase 1917 – 1918 versuchte Deutschland weiter, mit Unterseebooten die Blockade aufzubrechen. Es verschonte auch neutrale (z.B. amerikanische) Transportschiffe nicht. Weil mehrere amerikanische Schiffe im uneingeschränkten U – Boot – Krieg von Deutschland versenkt wurden, erklärten die USA am 6. April 1917 dem Deutschen Kaiserreich den Krieg, auch Japan erklärte Deutschland den Krieg.

Am 7. November 1917 brach die Große Sozialistische Oktoberrevolution unter Führung von Lenin (1870 – 1924) aus. Die Herrschaft von Zar wurde gestürzt. Russland wurde Sowjetunion. Am 3. März 1918 wurde der *Frieden von Brest – Litowsk* zwischen Sowjetrussland, Deutschland, Österreich – Ungarn und Bulgarien geschlossen, durch die Russland Gebiete abgeben musste. Trotzdem konnte dieser Frieden Deutschland nicht mehr helfen.

4）Bis 1918 musste Deutschland gegen 28 Staaten, einschließlich Frankreich, Russland, England, der USA und Japan usw. kämpfen. Nach der Niederlage der letzten Offensiven im März gegen Frankreich und England brach in Deutschland Novemberrevolution 1918. Deutschland musste schließlich aufgeben und kapitulieren. Am 11. November wurde das *Waffenstillstandsabkommen von Compiègne* unterzeichnet. Der Erste Weltkrieg kam zu Ende.

(4) Die Novemberrevolution 1918

1) 1918 wurde die Versorgung im Krieg immer schlechter. Viele Soldaten starben an Krieg, Hunger, Kälte und Krankheiten. In Deutschland herrschte überall die Antikriegstimmung. Am 29. Oktober brach der Matrosenaufstand in Kiel aus. Die Arbeiter in Kiel traten in den Generalstreik.

2) Die revolutionäre Welle verbreitete sich von Norddeutschland bald in alle größeren Städte. In Berlin forderten die Arbeiter die Abdankung Kaiser Wilhelms II. und die Freilassung der verhafteten revolutionären Leute. Der Kaiser verweigerte die Forderungen. Am 9. November 1918 traten die Berliner Arbeiter in den Generalstreik. Unter dem Druck dankte der Kaiser ab und floh nach Holland. Die Monarchie wurde in Deutschland abgeschafft, dadurch erreichte die Novemberrevolution ihren Höhepunkt. Die Republik wurde schließlich ausgerufen, die nun Weimarer Republik hieß.

3) Auch am gleichen Tag wurde der „Rat der Volksbeauftragten" gebildet, und galt als neue Regierung. Friedrich Ebert (1871 – 1925), der Vorsitzender der Mehrheits – SPD, wurde zum Reichskanzler ernannt.

4) Vom 16. bis zum 20. Dezember 1918 wurde der erste Reichskongress der Arbeiter – und Soldatenräte in Berlin veranstaltet.

5) Am 19. Januar 1919 wurde die Nationalversammlung ausgewählt.

6) Am 11. Februar 1919 wählte die Nationalversammlung Friedrich Ebert zum Reichspräsidenten. Die Minister der ersten Regierung stammten von der SPD, der Deutschen Demokratischen Partei (DDP) und dem Zentrum. Die drei Regierungsparteien unter der Leitung von Philipp Scheidemann (1865 – 1939), dem Reichsministerpräsidenten, wurde auch „Weimarer Koalition" genannt.

7) Am 31. Juli 1919 beschloss die Nationalversammlung in Weimar eine neue Verfassung, die am 11. August in Kraft trat. Deutschland wurde zu einem demokratischen Staat.

(5) Der *Friedensvertrag von Versailles* 1919

Vom 18. Januar bis 28. Juni 1919 tagte die Pariser Friedenskonferenz. Am letzten Tag wurde der *Versailler Vertrag* zwischen Deutschland und 26 alliierten und assoziierten Mächten geschlossen. Im *Friedensvertrag von Versailles* wurde Deutschland schließlich die alleinige Kriegsschuld * gegeben. Deutschland musste Land u. a. die Kolonien und Elsass – Lothringen abtreten, seine Armee stark verkleinern und eine enorme Summe Reparation * bezahlen. Sehr viele Deutsche empfanden diesen Friedenvertrag als ungerechten „Diktatfrieden".

(6) Die Folgen des Ersten Weltkrieges

1) Weil der Krieg so viele Menschenleben kostete, nannte man den Ersten Weltkrieg auch die europäische Urkatastrophe. Insgesamt starben über 10 Millionen Soldaten.

2) Deutschland und Österreich - Ungarn wurden zur Republik. Österreich verlor Ungarn und viele andere Gebiete. In Russland hatten die Bolschewisten die Sowjetunion gegründet.

3) Deutschland war wirtschaftlich enorm geschwächt und musste hohe Summe Reparation * und Material an die Sieger abgeben.

4) Frankreich und England waren durch den langen Krieg ebenfalls stark geschwächt und hatten Schulden bei den USA.

5) Die USA und Japan waren die eigentlichen Gewinner des Krieges. Sie hatten nur wenige Soldaten geschickt, den Krieg aber durch Material unterstützt und dadurch Einfluss und Geld gewonnen. Die USA wurden nun zur Weltmacht, Europa verlor an Bedeutung.

6) Deutschland fühlte sich ungerecht behandelt. Für viele Menschen war die Niederlage eine Schande ("Schande von Versailles"). Sie wollten durch einen neuen Krieg wieder zur Weltmacht werden.

(7) Die Gründung der KPD 1918

1) Die SPD, die einzige marxistische Arbeiterpartei Deutschlands, wandelte sich um 1900 zu einer revisionistischen Partei, und wurde 1917 gespalten. Ihre Mehrheit wurde von Friedrich Ebert, Philipp Scheidemann und Gustav Noske (1868 - 1946) geführt, und "Mehrheitssozialisten" oder "die Mehrheits - SPD" genannt. Die anderen bildeten sich zur Unabhängigen Sozialdemokratischen Partei Deutschlands (USPD). Eine kleine linke Gruppe aus der USPD nannte sich "Gruppe Spartakus".

2) Die USPD war unzufrieden mit der Politik der rechten Führer der SPD, verlangte die Trennung vom alten Obrigkeitsstaat und unterstützte die Fortsetzung der Revolution.

3) Die Gruppe Spartakus unter der Führung von Karl Liebknecht (1871 - 1919) und Rosa Luxemburg (1871 - 1919) blieb der marxistischen Lehre treu, sah in der russischen Oktoberrevolution das Vorbild und forderte, das Rätesystem undproletarische Diktatur zu errichten.

4) Am 30. Dezember 1918 wurde die Kommunistische Partei Deutschlands (KPD) in Berlin unter der Leitung von Karl Liebknecht und Rosa Luxemburg gegründet. Sie nahm sofort die Verbindung mit der Kommunistischen Internationalen und der Kommunistischen Partei derSowjetunion auf. Dies galt als der Wendepunkt in der Geschichte der deutschen Arbeiterbewegung.

Wichtige Begriffe

* *Alleinige Kriegsschuld* (Artikel 231 des *Versailler Vertrages*)

Der Artikel 231 des Versailler Vertrages, der in Deutschland von den Rechtsparteien bis weit in die Sozialdemokratie hinein und in vielen Bevölkerungsschichten so große Emotionen ausgelöst hat, lautet: „Die alliierten und assoziierten Regierungen erklären, und Deutschland erkennt an, dass Deutschland und seine Verbündeten als Urheber für alle Verluste und Schäden verantwortlich sind, die die alliierten und assoziierten Regierungen und ihre Staatsangehörigen infolge des ihnen durch den Angriff Deutschlands und seiner Verbündeten aufgezwungenen Krieges erlitten haben." Diese These von der Alleinschuld Deutschlands wurde das Fundament für alle Wiedergutmachungsforderungen der Alliierten.

* *Die Reparationen*

Zu lateinisch reparare *wiederhersteller*, Völkerrecht: Geld –, Sach – und Dienstleistungen, die dem Besiegten eines Krieges meist im Rahmen eines Friedensvertrages zur Wiedergutmachung der von den Siegerstaaten erlittenen Verluste und Schäden auferlegt werden. Früher wurden Reparationen als Kriegsentschädigung bezeichnet（z. B. die Zahlungen Frankreichs an das Deutsche Reich nach dem Deutsch – Französischen Krieg 1870/1871）. Seit dem *Versailler Vertrag* wird die völkerrechtswidrige Kriegseröffnung als Rechtsgrund für Reparationen angesehen. Dem klassischen Völkerrecht waren Reparationen fremd.

Übungen X.

1. Füllen Sie bitte die Lücken aus!

1) Russland trat 1907 dem Bündnis _____ von England und Frankreich bei. Deutschland hatte selbst nur _____ 1882 mit Österreich – Ungarn und Italien.

2) Am _____ wurde der österreichische Thronfolger Franz Ferdinand in Sarajewo ermordet.

3) Deutschland erklärte am 1. August 1914 _____ und am 3. August _____ den Krieg.

4) Der Erste Weltkrieg wurde zu einem Stellungskrieg und einer _____ .

5) Am _____ brach die Große Sozialistische _____ unter Führung von Lenin aus. Die Herrschaft von Zar wurde gestürzt. Russland wurde _____ .

6) Am 3. März _____ wurde der *Frieden von Brest – Litowsk* zwischen Sowjetrussland, Deutschland, Österreich – Ungarn und Bulgarien geschlossen.

7) Am 29. Oktober 1918 brach der _____ in Kiel aus. Die Arbeiter in Kiel traten in den _____ . Am _____ traten die Berliner Arbeiter in den Generalstreik. Dadurch erreichte die _____ ihren Höhepunkt. Die Republik wurde ausgerufen, die nun _____ hieß.

8) Am 11. November 1918 wurde das _____ unterzeichnet. Deutschland

kapitulierte. Der Erste Weltkrieg ging zu Ende.

9）Am 11. Februar 1919 wählte die Nationalversammlung _____ zum Reichspräsidenten.

10）Am 31. Juli 1919 beschloss die Nationalversammlung in _____ eine neue Verfassung.

11）Vom 18. Januar bis 28. Juni 1919 tagte die _____. Am letzten Tag wurde der _____ zwischen Deutschland und 26 alliierten und assoziierten Mächten geschlossen.

12）Am 30. Dezember 1918 wurde die _____ (   ) in Berlin unter der Leitung von _____ und Rosa Luxemburg gegründet.

2. Erklären Sie bitte den Begriff!

Der Mord von Sarajewo.

3. Beantworten Sie bitte die Fragen!

1）Wie begann der Erste Weltkrieg?

2）Welche Folgen hatte der Erste Weltkrieg?

3）Wie wurde die Weimarer Republik ins Leben gerufen?

4.2　Weimarer Republik（1918－1933）

Nach dem Ersten Weltkrieg wurde Deutschland zur Republik. Es gab allgemeine Wahlen für Männer und Frauen, gewählt wurde auch das Parlament (Reichstag) sowie der Präsident. Die erste Regierung wurde von der SPD＊, dem Zentrum＊ und der Deutschen Demokratischen Partei (DDP), d.h. „Weimarer Koalition＊" gebildet, die jedoch schon 1920 die Mehrheit verloren und auf die Unterstützung anderer Parteien angewiesen waren.

Weil die politischen Vertreter der Weimarer Republik (SPD, Zentrum, DDP) den *Versailler Vertrag* unterschrieben, gaben viele deutsche Bürger ihnen die Schuld an der Niederlage („Dolchstoßlegende＊"), obwohl in Wirklichkeit die deutsche Armeeführung und der Kaiser dafür verantwortlich waren. Diese Anschuldigungen sollten die Weimarer Republik schwer belasten.

Im Volk war die Republik nicht besonders beliebt. Nur die Weimarer Koalition unterstützte die Weimarer Republik vollständig. Viele andere Parteien wollten die Republik auflösen. Die Kommunisten wollten einen neuen Staat wie Sowjetunion, die Konservativen ein neues Kaiserreich, die Nationalsozialisten jedoch einen faschistischen Staat etablieren. Die Weimarer Republik musste sich von Anfang an um ihre Existenz sorgen.

Deutschland musste sehr viel Geld an die Kriegsgewinner zahlen und konnte deshalb seine Wirtschaft nur schwer aufbauen. Es kam zu vielen wirtschaftlichen Schwierigkeiten, sozialen Problemen und sogar außenpolitischen Krisen. Die inländischen Gegner von Rechts und Links, die ausländischen Mächte versuchten die Republik zu stürzen. Bis 1923 wurde die Weimarer Republik durch viele Krisen erschüttert.

4.2.1 Die wirtschaftliche Entwicklung

(1)Die Inflation und die Währungsreform 1923

Im Ersten Weltkrieg wurde auch die Wirtschaft in Deutschland überlastet. Wegen der Reparationszahlung an die Siegermächte erhöhte die Reichsbank ständig die Menge des umlaufenden Geldes. 1923 verlor die Reichsmark sehr schnell an Wert und viele Menschen verarmten. Es kam zur immer schlimmeren Inflation.

1923 führte die neue Regierung, die „ Große Koalition " die neue Währung „Rentenmark" ein. Dadurch wurde die Kaufkraft des Geldes behalten, und die Krise überwunden.

(2)Der Dawesplan 1924

Ende 1923 trat in London ein Sachverständigenausschuss für die Reparationsregelung unter dem Vorsitz von Charles G. Dawes (1865 – 1951), dem Vertreter der amerikanischen Großbank Morgan, zusammen. Der Dawesplan wurde durch den Ausschuss vorgeschlagen, und im August 1924 auf einer Konferenz der Westmächte angenommen. Das Reparationskonzept von Deutschland wurde auch dadurch beschlossen.

(3)Der „Dollarregen" 1924 – 1930

Die ausländischen, besonders die amerikanischen Finanzkapitalisten inverstieren von 1924 bis 1930 ca. 25 – 30 Milliarden Mark. Der „Dollarregen" und die Investitionen trugen entscheidend dazu bei, die Machtposition des deutschen Imperialismus zu stärken, sein Rüstungspotential zu erneuern und seine antisowjetischen Bestrebungen zu ermuntern.

(4)„Goldene Zwanziger" 1924 – 1929

Von 1924 bis 1929 waren die Lebensverhältnisse der Bevölkerung im Vergleich zu den Elendsjahren 1923 – 1924 besser geworden. Insgesamt kam der Kapitalimus in die relative Stabilisierung. Die Jahre wurden als die „Goldenen zwanziger Jahre" bezeichnet.

(5)Die Weltwirtschaftskrise 1929 – 1932

Am 25. Oktober 1929 kam es an der New Yorker Börse zum großen Krach, der auch als auslösendes Moment der Wirtschaftskrise betrachtet wurde. Der Tag ging als „ Schwarzer Freitag" in die Geschichte ein. Die Überproduktion und der mangelnde Absatz führten zum Rückgang der Produktion, der auch die umfangreiche Arbeitslosigkeit als Folge hatte. Deutschland wurde außerdem von der Weltwirtschaftskrise schwer erschüttert. Im Februar 1932 waren in Deutschland mehr als 6 Millionen Arbeitslose registriert.

4.2.2 Die Politikkrisen in der Republik

（1）Der Kapp - Putsch 1920

Vom 13. bis zum 17. März versuchten die unzufrieden Teilen der deutschen Armee „Marinebrigade von Hermann Ehrhardt" unter Führung des Generals Walther Freiherr von Lüttwitz (1859 - 1942) und rechtsradikalen Politikern mit Wolfgang Kapp (1858 - 1922) an der Spitze, die Weimarer Republik umzustürzen. Am 13. März 1920 besetzten die Marinebrigade unter Hermann Ehrhardt (1881 - 1971) sowie andere Formationen das Berliner Regierungsviertel und riefen Wolfgang Kapp zum Reichskanzler aus. Dies zwang die Reichsregierung unter Gustav Bauer (1870 - 1944) (SPD) und Friedrich Ebert zur Flucht nach Stuttgart. Der Umsturzversuch scheiterte aber nach wenigen Tagen u.a. am Generalstreik der Gewerkschaften, an der Loyalität der Ministerialbürokratie zur Reichsregierung, an den unterschiedlichen Motivationen der Putschisten, der Art der Durchführung sowie mangelnder Unterstützung seitens der Reichswehrführung.

（2）Die Reichswehr -„Der Staat im Staate"

Viele Soldaten wurden nach dem Krieg arbeitslos und konnten nur schwer zurück in die Gesellschaft, sie wurden unzufrieden und traten den Republikgegnern bei. Auch zahlreiche Berufsheere blieben in kühler Distanz zur Republik. Die selbständige Haltung der Reichswehr wurde immer durch die Regierung geduldet. Sie wurde schließlich als ein „Staat im Staate" bezeichnet.

（3）Die Ruhrbesetzung 1923 und die „Große Koalition"

Frankreich sah in Deutschland die Unfähigkeit bei der Reparationszahlung während der Inflation. Um die Versailler Vertragserfüllung zu sichern, besetzten die französischen und belgischen Truppen am 11. Januar 1923 das Ruhrgebiet. Die deutsche Regierung rief die lokale Bevölkerung zum passiven Widerstand auf, was die Inflation noch schneller machte.

Die Regierung konnte die Verhältnisse nicht verbessern und musste zurücktreten. Die Sozialdemokraten, das Zentrum und die Deutsche Volkspartei (DVP) schlossen sich zur „Großen Koalition" zusammen. Gustav Stresemann (1878 − 1929) von der DVP wurde Reichskanzler. Die neue Regierung beendete den Ruhrkampf und führte die Währungsreform durch, durch die die Inflationskrise 1924 überwindet wurde.

（4）Separatistische Bestrebungen im Rheinland 1923

Während der Ruhrbesetzung versuchten die Separatisten mit Hilfe der Besatzungstruppen, die „Rheinische Republik" und „Autonome Pfalz" zu gründen. Sie scheiterten an heftigem Widerstand des deutschen Volkes.

(5) Die Arbeiterbewegung von KPD und SPD 1923

In der Elendszeit plante auch die KPD * , durch eine Revolution die bürgerliche Republik zu stürzen, und eine Rätediktatur in Deutschland zu errichten. Am 22. Oktober 1923 rief die KPD in Hamburg unter Führung von Ernst Thälmann (1886 – 1944) zum Generalstreik und Aufstand auf. Weil der Aufstand endlich nicht von den Arbeitern anderer Regionen in Deutschland unterstützt wurde, brach Thälmann den Kampf ab. Der Hamburger Aufstand war der letzte Versuch deutscher Arbeiter, die Nachkriegskrise mit proletarischer Revolution zu beenden.

(6) Hitler – Putsch 1923

Am 8. November 1923 versuchte Adolf Hitler (1889 – 1945) in München mit Hilfe seiner Sturmabteilung durch den „Bieraufstand" an die Macht zu kommen. Der Chef der bayerischen Regierung setzte die Polizei gegen den Aufstand ein. Hitlers Putsch war gescheitert. Er wurde wegen Hoch – und Landesverrat nur zu fünf Jahren Festungshaft verurteilt. Die milde Strafe konnte daran liegen, dass der alte Staatsapparat des Obrigkeitsstaates nach der Novemberrevolution erhalten blieb.

(7) Die Fürstenabfindung 1926

Die Fürsten verlangten ihr 1918 beschlagnahmtes Vermögen zurück. Die Sozialdemokraten und Kommunisten kämpften gemeinsam gegen die Forderungen der Fürsten und für die Enteignung des Fürstenbesitzes, zwangen die Regierung, eine Abstimmung über die Fürstenenteignung durchzuführen. Am 20. Juni 1926 fand die Volksabstimmung statt. Da weniger als die Hälfte die Ja – Stimme abgaben, wurden die Fürsten nicht enteignet.

(8) Die Dolchstoßlegnde

Nach dem Ersten Weltkrieg verbreitete sich die These, dass Teile der deutschen Heimatbevölkerung, besonders aber Gruppen der sozialistischen Linken oder sogar die ganze Sozialdemokratie, durch ihre revolutionäre Tätigkeit das „im Felde unbesiegte" deutsche Heer „von hinten erdolcht" und dadurch den Zusammenbruch Deutschlands verschuldet hätten.

Die Dolchstoßlegende entwickelte sich schon 1919 zur Kampfparole der politischen Rechten. Sie schwächte die Autorität der Weimarer Republik sehr stark. Obwohl die Dolchstoßlegende bald durch Untersuchungen (Dolchstoßprozess 1925) entkräftet wurde, wurde sie propagandistisch von den Nationalsozialisten gegen die Weimarer Republik und ihre Regierungen gebraucht.

(9) „Republik ohne Republikaner"

Um die Stabilität der Republik zu sichern, wurde auch die Justiz und das Militär der Kaiserzeit übernommen, deshalb gab es in der Justiz und im Militär kaum Republikfreunde. Dies alles hatte die „Republik ohne Republikaner" als Folge.

4.2.3 Die Außenpolitik

Weil die Reparationszahlungen die deutsche Wirtschaft schwer belasteten, versuchte Deutschland den *Versailler Vertrag* wieder aufzuheben, dies gelang aber erst Ende der 1920er. Durch eine Reihe von Abkommen begann Deutschland mit der Versöhnung mit den Siegmächten und mit seinem Wiedererstarken.

(1)Der *Vertrag ovn Rapallo* 1922

Auf der internationalen Konferenz in Genua vom 10. April bis zum 19. Mai 1922 nahmen der deutsche Reichskanzler Joseph Wirth (1879 – 1956) und Außenminister Walther Rathenau (1867 – 1922) mit den sowjetischen Vertretern Verhandlungen auf. Am 16. April wurde der *Vertrag ovn Rapallo* zwischen den beiden ehemaligen verfeindeten Staaten geschlossen, dadurch die diplomatischen Beziehungen zwischen ihnen aufgenommen wurden.

(2)Der *Locarno-Pakt* 1925

Am 16. Oktober 1925 schlossen die Vertreter aus Deutschland, Frankreich, Belgien, England, Italien, Polen und der Tschechoslowakei den *Locarno-Pakt* auf der Konferenz in dem Schweizer Kurort Locarno. Am 1. Dezember 1925 wurde der in London angenommen, und trat in Kraft. Deutschland erkannte die im *Versailler Vertrag* festgelegten deutsch-fränzösischen und deutsch-belgischen Grenzen, und die Rückgabe Elsass-Lothringens an Frankreich. Drei Staaten verpflichteten sich, keinen Krieg gegeneinander zu führen.

(3)Der *Berliner Vertrag* 1926

Am 24. April 1926 unterzeichneten der deutsche Außenminister Gustav Stresemann (1878 – 1929) und der russische Botschafter in Berlin den Freundschafts- und Neutralitätsvertrag. Der Vertrag bestätigte den *Vertrag ovn Rapallo* als die Grundlage der beiderseitigen Beziehungen. Es war Stresemann gelungen, die Gleichgewichtspolitik zwischen dem Westen und dem Osten durchzusetzen.

(4)Die Aufnahme Deutschlands in den Völkerbund 1926

Am 10. Januar 1926 wurde der Völkerbund „Liga der Nationen" nach dem *Versailler Vertrag* in Genf gegründet. Der bezielt die Erhaltung des Friedens und derBesitzverhältnisse nach dem Krieg. Deutschland wurde am 8. September 1926 in den Völkerbund aufgenommen und erhielt einen ständigen Sitz im Völkerbundsrat, was den Beginn der Aussöhnung mit den Siegermächten und das Wiedererstarken des deutschen Imperialismus symbolisierte.

4.2.4 Hitlers Werdegang und das Ende der Weimarer Republik

Die Weimarer Republik war für viele Deutsche nur ein schwacher Ersatz. Als die Wirtschaftskrise (1929 – 1932) immer schlimmer wurde, identifizierten sich die Deutschen nicht richtig mit der Weimarer Republik, wollten einen starken Mann als Führung.

Von Anfang an sprachen die NSDAP * und ihr Vorsitzender Adolf Hitler (1889 – 1945) gegen die parlamentarische Demokratie aus, und machten die Demokratie für die schlechte Situation Deutschlands verantwortlich, obwohl die Probleme bereits während des Ersten Weltkrieges begonnen hatten und auch in anderen Staaten festzustellen waren. Sie wollten die Weimarer Republik abschaffen.

Sie gaben Frankreich, England, den Juden, usw. die Schuld für ihre Schwäche, forderten eine Revision des *Versailler Vertrages*, und versprachen Arbeitsplätze und eine Stärkung Deutschlands.

Mit speziellen Einsatztruppen wie Sturmabteilung (SA) und Schutzstaffel (SS) wurden politische Gegner angegriffen oder eingeschüchtert. Die Zahl der Parteimitglieder der NSDAP stieg stark an (1925: 27.000; 1931: 800.000 Mitglieder).

In sehr kurzer Zeit konnte die NSDAP viele Wählerstimmen gewinnen (1928: 2,6%; 1930: 18,3%; 1932: 37,3%). 1932 wurde die NSDAP schließlich zur stärksten Partei im Reichstag. Die Weimarer Republik war nicht stabil genug, um sich gegen die Wahlerfolge der NSDAP zu schützen.

Am 30. Januar 1933 wurde Hitler schließlich zum Reichskanzler ernannt. Er bildete eine eigene Regierung. Die NSDAP übernahm schließlich die Macht. Hitler ging schnell daran, das System der parlamentarischen Demokratie abzubauen, und setzte die Verfassung der Weimarer Republik nach und nach außer Kraft. 1933 endete daher die Zeit der Weimarer Republik.

Wichtige Begriffe

* *Weimarer Koalition*

Nach der Eröffnung der Nationalversammlung in Weimar bildeten die SPD, das Zentrum und die DDP (Deutsche Demokratische Partei) die erste republikanische Regierung. Gemeinsam hatten sie mit insgesamt 76% der Stimmen die weit überwiegende Mehrheit des Volkes hinter sich. Ministerpräsident dieser Koalitionsregierung, der Weimarer Koalition, wurde der Sozialdemokrat Philipp Scheidemann. Die Voraussetzungen für ein Gelingen der parlamentarischen Arbeit schienen gegeben zu sein. Aber schon formierten sich auf den Flügeln rechts und links die Gegner der Demokratie zum Sturm auf den Staat. Der massive Einsatz von Freikorpsformationen gegen Aufstandsversuche der Linksradikalen führte zu einer starken Entfremdung zwischen der Arbeiterschaft und der SPD. Die Unterzeichnung des *Versailler Vertrages* durch zwei Minister der Koalition rief eine hemmungslose Agitation der politischenRechte gegen die Weimarer Parteien hervor, die Dolchstoßlegende wurde in Umlauf gesetzt. Bei den

Reichstagswahlen am 6. Juni 1920 verlor die Weimarer Koalition ihre absolute Mehrheit. Sie hat die absolute Mehrheit bis zum Ende der Republik nie wieder erreicht. Lediglich im größten Land der Republik, Preußen, bestand seit 1920 eine Regierung der Weimarer Koalition mit kurzen Unterbrechungen unter dem sozialdemokratischen Ministerpräsidenten Otto Braun bis 1932. Sie galt als stärkstes Bollwerk der Demokratie bis zu der Reichsexekution des Reichskanzlers von Papen am 20. Juli 1932.

* *Wichtigste Parteien in Deutschland zwischen* 1919 *und* 1945

• SPD (Sozialdemokratische Partei Deutschlands), älteste bestehende Partei Deutschlands (seit 1890); politische Vertretung der Arbeiterbewegung in Deutschland; stellte in der Weimarer Republik die erste Regierung und war Hauptträger der Republik.

• Zentrumspartei, die Partei des politischen Katholizismus im Deutschen Reich, gegründet 1870/1871, genannt nach den Plätzen in der Mitte des Parlaments; wurde unter der Führung L. Windthorsts zu einer der stärksten Parteien (1881 – 1912 und 1916 – 1918 stärkste Reichstagsfraktion). Am Aufbau der Weimarer Republik (1919) entscheidend beteiligt; nahm an allen Reichsregierungen bis 1932 teil und stellte vier Reichskanzler. Als letzte der bürgerlichen Parteien löste sie sich im Juli 1933 auf.

• KPD (Kommunistische Partei Deutschlands); gegründet 1919; wollte nach dem Ersten Weltkrieg in Deutschland eine Sowjetrepublik gründen, konnte jedoch nur eine Minderheit gewinnen und wurde außerdem von Justiz und Polizei verfolgt.

• NSDAP (Nationalsozialistische Deutsche Arbeiterpartei); von 1919/1920 bis 1945 bestehende extrem nationalistische, antisemitisch – rassistische deutsche Partei, politische Plattform des Nationalsozialismus, 1933 – 1945 einzige zugelassene Partei in Deutschland.

Übungen XI.

1. Füllen Sie bitte die Lücken aus!

1) Der _____ von Charles G. Dawes wurde im August 1924 auf einer Konferenz der Westmächte angenommen. Das Reparationskonzept von Deutschland wurde auch dadurch beschlossen.

2) Am 25. Oktober _____ kam es an der New Yorker Börse zum großen Krach, der auch als auslösendes Moment der _____ betrachtet wurde. Der Tag ging als „_____" in die Geschichte ein.

3) Um die Versailler Vertragserfüllung zu sichern, besetzten die ____ und ____ Truppen am 11. Januar 1923 das Ruhrgebiet.

4) Die Sozialdemokraten, das Zentrum und die Deutsche Volkspartei schlossen sich 1923 zur „_____" zusammen.

5) Am 22. Oktober 1923 rief die KPD in Hamburg unter Führung von Ernst

Thälmann zum _____ und Aufstand auf.

   6) Am 8. November 1923 versuchte _____ in München mit Hilfe seiner Sturmabteilung durch den „ _____ " an die Macht zu kommen.

   7) 1932 wurde die _____ schließlich zur stärksten Partei im Reichstag.

   8) Am 30. Januar 1933 wurde _____ schließlich zum _____ ernannt. 1933 endete die Zeit der Weimarer Republik.

2. Erklären Sie bitte die Begriffe!

1) Die goldenen 20er Jahre.

2) Der Staat im Staate.

3) Die Dolchstoßlegende.

4) Republik ohne Republikaner

3. Beantworten Sie bitte die Fragen!

1) Nennen Sie bitte die wichtigen Politikkrisen, die die Weimarer Republik erlebte?

2) Welche außenpolitischen Erfolge erlangte die Weimarer Republik?

4.3   NS – Staat bis zum Zweiten Weltkrieg (1933 – 1939)

4.3.1   Die Verstärkung des faschistischen Regimes

(1) Der Reichstagsbrand und die Notverordnung

Die Verstärkung des faschistischen Regimes der Hitlerregierung begann mit den Terrormaßnahmen gegen politische Gegner. In der Nacht vom 27. Februar wurde das Reichstagsgebäude in Brand gesteckt. In derselben Nacht beschuldigten die Nazis die Kommunisten als die Verantwortlichen für den Brand. Am 3. März 1933 wurde Ernst Thälmann (1886 – 1944), der Vorsitzende der KPD, verhaftet. Vom 28. Februar gelang es Hitler, die „Verordnung zum Schutze von Volk und Staat" durchzuführen. Bis 1945 blieb die Notverordnung in Kraft, mit der die Nazis ohne Rücksicht auf die in der Weimarer Verfassung garantierten Grundrechte zahlreiche politische Gegner liquidierten.

(2) Das _Ermächtigungsgesetz_

Das _Ermächtigungsgesetz_, das den Grundsatz der Gewaltenteilung durchbricht, und besonders in Kriegs – und Notzeiten erlassen wird, ermächtigt die Regierung, gesetzvertretende Verordnungen, nämlich die Gesetze oder Verordnungen mit Gesetzeskraft zu erlassen.

Durch das gegen die Stimmen der SPD und bei Abwesenheit zahlreicher rechtswidrig verhafteter Mitglieder des Reichstages verabschiedete Ermächtigungsgesetz, d. h. *Gesetz zur Behebung der Not von Volk und Reich* vom 24. März 1933 wurde die gesamte Staatsgewalt der Naziregierung überantwortet, und ihr die Möglichkeit gegeben, ein totalitäres Regime zu errichten.

(3) Das Ende der Gewerkschaften und Parteien

Im Mai 1933 gegründeten Nazis die „Deutsche Arbeitsfront" (DAF), die alle Gewerkschaften und Arbeitgeberverbände einbezog. Am 22. Juni 1933 wurde SPD als staats - und volksfeindliche Partei verboten, alle bürgerlichen Parteien lösten sich auf. Durch das im Juli erlassene *Gesetz gegen die Neubildung von Parteien* wurde die NSDAP zur einzigen legalen Partei erklärt, was das faschistische Einparteienregime vollendete.

4.3.2   Der Ausbau des faschistischen Regimes

Ernst Röhm (1887 - 1934), der Stabschef der Sturmabteilung (SA *) war einer der engsten Anhänger von Hitler. Er beabsichtigte, eine reguläre Armee aus der SA und der Reichswehr aufzubauen und die selbst zu kontrollieren. Seine Absicht und die Gerüchte von der „Zweiten Revolution" aus der SA verschärften den Gegensatz zwischen Röhm und allen anderen Machtgruppen in der NSDAP.

Mithilfe der Unterstützung von Heinrich Himmler (1900 - 1945) und dessen Schutzstaffel (SS *) zerschlug Hitler am 30. Juni 1934 die SA, er ließ Röhm und andere SA - Führer erschießen. Danach wurde SS unter Himmler rasch zur Gewaltorganisation des faschistischen Regimes.

4.3.3   Hitlers persönlichen Diktatur

Paul von Hindenburg (1847 - 1934), der zweite Reichspräsident der Weimarer Republik, starb am 2. August 1934. Hitler vereinigte das Amt des Präsidenten und des Kanzlers. Unter dem Titel „Führer und Reichskanzler" ergriff Hitler alle Macht in seiner Hand, dadurch erzielte er seine persönliche Verherrlichung und Diktatur.

4.3.4   Die Gleichschaltung der Bevölkerung

Das politisches Schlagwort „Gleichschaltung" aus der nationalsozialistischen Machtergreifung bezeichnete die Aufhebung des Pluralismus auf allen Ebenen des öffentlichen Lebens zugunsten der nationalsozialistischen Politik und Ideologie.

Alle Deutschen wurden von Kindheit an durch verschiedene NS - Organisationen z.B. „Deutsches Jungvolk (DJ)", „Hitlerjugend (HJ *)", „Bund Deutscher Mädel (BDM)" weltanschaulich ausgerichtet und erzogen. Durch eine Geheime Staatspolizei (Gestapo *) wurde die Bevölkerung überall und jederzeit kontrolliert.

Die Nazis beeinflussten direkt die Kultur. Alle Zeitungen, Radioprogramme und andere Medien standen unter der Kontrolle der Nazis. Journalisten, Künstler und Wissenschaftler wurden durch die Nazis überwacht. Ohne Erlaubnis der Nazis durften sie nicht arbeiten.

Alle Kunstformen sollten dazu dienen, dass „gesunde Volksempfinden" zu stärken, also den Menschen im Sinne der NSDAP zu erziehen. Die Kunst sollte von deutschen Helden, deutscher Geschichte oder vom „schönen deutschen Alltag" erzählen, diente auch dazu, den „Führerkult" zuschaffen, und Hitler als eine Art menschlicher Gott darzustellen.

Paul Joseph Goebbels(1897 – 1945)＊, der Propagandaminister kontrollierte über die Reichskulturkammer alle Künstler und die deutsche Kunst und Literatur, und leitete direkt am 10. Mai 1933 die Bücherverbrennungen in ganz Deutschland an. Die Werke von Karl Marx, Friedrich Engels, Lenin, Karl Liebknecht, Albert Einstein, Heinrich und Thomas Mann und vielen anderen Schriftstellern wurden verbrannt.

Wegen der Unterdrückung der Meinungsfreiheitging eine ganze Generation von großartigen Künstlern und Wissenschaftlern z.B. Berthold Brecht, Thomas und Heinrich Mann, Anna Seghers, Albert Einstein ins Exil, vor allem in die USA.

4.3.5　Die innere Kriegsvorbereitung

（1）Die wirtschaftlichen Vorbereitungen

1）Das Vierjahresprogramm und die Autarkiepolitik.

Die Nazis bereiteten sich auf den Krieg vor. Die ganze Wirtschaftspolitik richtete sich nach diesem Ziel aus. 1936 erließ Hitler ein Vierjahresprogramm der Aufrüstung. Bereits 1936 gab es keine Arbeitslosen mehr. Die Schwerindustrie, vor allem die Stahl – und Rüstungsindustrie wurde gestärkt. Trotz des Verbotes des *Versailler Vertrages* wurden Flugzeuge, Panzer, Artillerie und andere Waffen zuerst geheim gebaut. Großflächige Autobahnen und die Infrastruktur wurden ausgebaut, um später den Transport an die Front zu erleichtern.

Deutschland sollte in vier Jahren wirtschaftlich unabhängig vom Welthandel sein. Um die Mängel an Rohstoffen zu beheben, wurde Autarkiepolitik eingeführt. Die Einfuhr – oder Mangelwaren wurden weitgehend durch Kunststoffe ersetzt.

2）Reichsarbeitsdienst.

Ab dem 26. Juni 1935 richtete Hitler den Reichsarbeitsdienst (RAD) ein. 18 – jährige junge Männer, später auch Mädchen mussten ein halbes Jahr körperliche Arbeit leisten und wurden zugleich durch die Nazis kontrolliert und erzogen. 1938 führte die Naziregierung die „allgemeine zeitlich begrenzte Dienstpflicht aller deutschen Staatsbürger".

3）Die Verschuldung des Reiches.

Hitlers ganze Politik und vor allem die Wirtschaftspolitik zielte auch auf einen Krieg ab. Weil die Industrie durch Hitlers Politik profitierte, unterstützten die Industriellen seine Politik. Die Nazis investierten sehr viel Geld in den Ausbau der Wirtschaft. Dieses Geld war jedoch nicht vorhanden. Die Banken gaben sogenannte „faule Kredite", d.h. das Geld ohne Sicherheiten. 1939 betrug die Staatsschuld über 50 Milliarden Reichsmark. Das fehlende Geld sollte durch einen Krieg und Eroberungen gewonnen werden. Ohne Krieg wäre Deutschland schnell ohne Geld und wieder ohne ausreichende Arbeit gewesen.

（2）Die Ideologie der Nationalsozialisten

1）Der Nationalsozialismus.

Der Nationalsozialismus ist eine deutsche Variante des Faschismus, der in Italien durch Benito Mussolini（1883 – 1945）geschaffen wurde, dessen Kennzeichen das Elitedenken und das autoritäre Gesellschaftsbild, die antidemokratische und militaristische Einstellung, der Antikommunismus und der Antisemitismus sind.

2）Die Rassenlehre.

Die Nazis glaubten, dass die germanische oder auch arische „Rasse"（der Ariernachweis＊）die stärkste und beste menschliche „Rasse" sei. Deshalb habe man das Recht, andere „Rassen" auszubeuten oder gar zu töten. Der arische Mensch sei die natürliche Herrenrasse, alle anderen „Rassen", vor allem die Juden seien nur Untermenschen.

Die Nazis benutzten die Theorie von Darwin, nach der nur der Stärkste oder Beste überlebt. Deshalb nennt man ihre Ideologie auch Sozialdarwinismus. Sie glaubten, im Kampf mit anderen Rassen zu stehen.

3）Die Raumlehre.

Die Nazis sahen den Boden als das wichtigste Gut der Menschen an. Der Boden sei das Blut des Volkes. Deshalb müsse immer mehr Boden gewonnen werden, um das Volk mit genug Lebensraum zu versorgen. Die Nazis wollten vor allem Boden im Osten Europas und Asiens, in der Sowjetunion erobern.

4）Die Entrechtung und Verfolgung der Juden.

Bereits in seiner Schrift *Mein Kampf* (1923) hatte Hitler angekündigt, gegen Juden vorgehen zu wollen. Nachdem die Nazis an die Macht gekommen waren, machten sie damit ernst: Politische Gegner（v. a. die Kommunisten und Sozialdemokraten）, Behinderte, Homosexuelle, aber vor allem Juden, Sinti und Roma wurden verfolgt, eingesperrt, in Konzentrationslager（KZ）gebracht und schließlich massenhaft ermordet.

Ab 1933 wurden die Juden diskriminiert und aus dem öffentlichen Dienst entlassen. Sie durften keine Spitzenpositionen in der Wirtschaft mehr haben. Die SA und dann die SS gingen immer wieder brutal gegen Juden vor. Jüdische Geschäfte wurden geplündert, Männer und Frauen auf offener Straße geschlagen. Die deutsche Bevölkerung schaute zu und unternahm nur ganz selten etwas.

Ab 1934 errichteten die Nazis sogenannte Konzentrationslager (KZ), in denen die politischen Gegner, Juden, Sinti und Roma, sowie „Asoziale" eingesperrt wurden.

Am 15. September 1935 erließen die Nazis aufgrund der Rassenlehre die sogenannten *Nürnberger Gesetze* * . Juden galten nicht mehr als vollständige Staatsbürger, erhielten weniger Rechte als „arische" Deutsche. Ehen zwischen Juden und Nicht – Juden wurden verboten, weil man glaubte, dass dies eine „Rassenschande" sei. Denn arische Gene sollten sich nicht mit den „schlechten" Genen der Juden mischen.

Ab 1937 durften Juden keine öffentlichen Einrichtungen, und ab 1938 keine deutschen Schulen mehr besuchen. In der sogenannten „Reichskristallnacht * " am 10. November 1938 wurden in vielen deutschen Städten jüdische Geschäfte und Synagogen zerstört und verbrannt. Juden wurden aus dem bürgerlichen Leben ausgeschlossen. Schließlich mussten die Juden durch die Arisierung der deutschen Wirtschaft ihre Geschäfte und Firmen verkaufen. Ab 1939 wurden in den KZs vor allem Juden systematisch getötet, da man das Judentum insgesamt vernichten wollte.

4.3.6 Die äußere Kriegsvorbereitung

(1) Die Friedenspropaganda

Während der inneren Kriegsvorbereitung versuchte Hitler, die Ausländer durch seinen „Friedenswillen" zu beruhigen. Es schloss am 26. Januar 1934 mit Polen einen Nichtangriffspakt, am 18. Juni 1935 mit England ein Abkommen zur Begrenzung der Flottenrüstung ab. Im August 1936 lag der Höhepunkt der Friedenpropaganda in den Olympischen Spielen in Berlin.

(2) Die Verletzung des *Versailler Vertrags*

Die Nazis wollten zudem einen neuen Krieg beginnen, um wieder zur alten Größe zu gelangen oder sogar die Vorherrschaft über Europa zu erlangen. Davor musste die Revision des *Versailler Vertrage*s erreicht werden und nicht vom Ausland kontrolliert werden. Um dieses Ziel zu erreichen, ging Hitler sehr dreist vor.

Am 14. Oktober 1933 trat Hitlerdeutschland aus dem Völkerbund, um sich der internaltionalen Kontrolle zu entziehen. 1935 gliederte Hitler durch die Abstimmung der Saarbevölkerung Saarland wieder ins Reich ein. Am 7. März 1936 besetzte er erneut das deutsche Rheinland, das seit 1919 von den Franzosen kontrolliert wurde. Am 12. März 1938 annektierte Hitlerdeutschland Österreich, und am 29. September beanspruchte es durch das *Münchner Abkommen* Teile der Tschechoslowakei.

(3) Die Appeasement – Politik

Um keinen neuen Krieg zu riskieren, gaben Frankreich, die USA und vor allem

England den Nazis nach. Sie hofften, dass Deutschland sich bald zufrieden geben würde und auch keinen Krieg wolle.

Das Appeasement bedeutet die Beruhigung, Beschwichtigung. Appeasement – Politik ist insbesondere die Bezeichnung für die von der britischen Regierung 1933 verfolgte Politik des Ausgleichs mit dem nationalsozialistischen Deutschland.

Mit der Appeasement – Politik versuchte vor allem Arthur Chamberlain (1869 – 1940), der englische Premierminister, Ende der 1930er Jahre den Frieden in Europa zu sichern. Dazu nahm er in Kauf, dass Hitler immer dreister Gebiete beanspruchte und vereinnahmte. Zum Höhepunkt der Appeasement – Politik zählte *Münchner Abkommen* 1938.

(4)Das faschistische Paktsystem

Deutschland schloss im Oktober 1936 mit Italien einen Bündnisvertrag,im November mit Japan den *Antikominternpakt*, am 22. Mai 1939 ein militärisches Abkommen, den *Stahlpakt* ab. Ein *Nichtangriffspakt zwischen Deutschland und der Sowjetunion*, auch der sogenannte *Hitler – Stalin – Pakt* wurde im August 1939 geschlossen. Am 27. September 1940 schloss sich Japan dem militärischen Bündnis zwischen Deutschland und Italien an. Die faschistische „Achse" wurde gebildet.

Wichtige Begriffe

* *Die Sturmabteilung*（*SA*）

Abkürzung für Sturmabteilung, mit der aus ihr hervorgegangenen SS die uniformierte und bewaffnete politische Kampftruppe der NSDAP; hervorgegangen ausdem organisierten Saalschutz (ab 1921 in gesonderten Formationen) sowie aus Angehörigen von Freikorps und Bürgerwehrverbänden, wurde ab 1925 als paramilitärisch auftretende Parteiarmee neu formiert; ab 1923 unter Führung von H. Göring, 1925/1930 von Franz Pfeffer von Salomon (1888 – 1968), ab 1931 von E. Röhm. In der Spätphase der Weimarer Republik (1930/1933) diente sie als Terror – und Propagandatruppe (besonders im Saal – und Straßenkampf); 1933/1934 bildete sie das stärkste Macht – und Terrorinstrument der nationalsozialistischen Bewegung; inzwischen hatte sie sich zu einer Massenorganisation mit eigener Subkultur entwickelt, die zugleich zu einem herausfordernden Machtfaktor für die NSDAP geworden war (*Bürgerkriegsarmee*; 1933 etwa 700000, Juni 1934 4,5 Mio. Mitglieder; eigenmächtige Aktionen, Forderung nach einer *zweiten* [*sozialen*] *Revolution*). Nach dem 30. Juni 1934 (angeblicher *Röhm – Putsch*) büßte sie unter Führung von Viktor Lutze (1890 – 1943) ihre politische Bedeutung ein (1938 1,2 Mio. Mitglieder) und wurde von der SS abgelöst.

* *Die Schutzstaffel*（*SS*）

Abkürzung fürSchutzstaffel, 1925 entstandene Sonderorganisation zum Schutz Hitlers

u. a. NSDAP – Funktionäre, die unter ihrem Reichsführer Heinrich Himmler (ab 1929) zugleich den *Polizeidienst* innerhalb der NSDAP ausübte. Formal der obersten SA – Führung, nach dem so genannten Röhm – Putsch (30. Juni/1.Juli 1934) Hitler unmittelbar unterstellt. Neben dem SS – Amt für die allgemeine Führung und Verwaltung bestand Himmlers Führungsapparat ab 1931 aus dem Rasse – und Siedlungsamt, später Rasse – und Siedlungshauptamt (Abkürzung RuSHA) und dem SD – Amt (SD: Abkürzung für Sicherheitsdienst), dem von R. Heydrich gegründeten Nachrichtendienst gegen politische Gegner und innerparteiliche Oppositionelle, ab 1936 offizieller Nachrichtendienst des Reiches. Himmlers Ernennung zum *Reichsführer SS und Chef der Deutschen Polizei* (1936) brachte die Kopplung von Partei – und Staatsamt. Die Sicherheitspolizei (Gestapo und Kriminalpolizei unter R. Heydrich) wurde 1939 mit dem SD im Reichssicherheitshauptamt zusammengeschlossen. Ab 1939/1940 entwickelte sich neben der Allgemeinen SS (1939: rund 240000 Mitglieder) die rasch erweiterte Waffen – SS, in der die ab 1933 aufgestellte SS – Verfügungstruppe (1939: 18000 Mann) und die SS – Totenkopfverbände zur Bewachung der KZ (Ende 1938: 8500 Mitglieder) aufgingen. Als Hauptträger des nationalsozialistischen Terrors wurde die SS in den Nürnberger Prozessen 1946 zur verbrecherischen Organisation erklärt.

* *Die Hitlerjugend*

Abkürzung HJ, Jugendorganisation der NSDAP, gegründet 1926, unterstand ab 1931 einem Reichsjugendführer. Die große Zahl der deutschen Jugendverbände musste nach 1933 der HJ weichen, die 1936 zur Staatsjugend erhoben wurde. Ab 1939 war die Mitgliedschaft für alle Jugendlichen vom 10. bis 18. Lebensjahr Pflicht; Gliederungen: Deutsches Jungvolk (DJ; Jungen von 10 bis 14 Jahren [„Pimpfe" genannt]), Deutsche Jungmädel (DJM; Mädchen von 10 bis 14 Jahren [„Jungmädel" genannt]), die eigentliche HJ (Jungen von 14 bis 18 Jahren), Bund Deutscher Mädel (BDM; Mädchen von 14 bis 18 Jahren).

* *Die Geheime Staatspolizei*

Kurzwort Gestapo, in der Zeit der nationalsozialistischen Herrschaft in Deutschland die politische Polizei; seit 1933 Instrument der nationalsozialistischen Diktatur und darüber hinaus ihrer Besatzungspolitik während des Zweiten Weltkrieges.

* *Der Ariernachweis*

Im nationalsozialistischen Deutschland 1933 – 1945 für bestimmte Personengruppen, u. a. Beamte, öffentlicher Dienst, Ärzte, Juristen, geforderter Nachweis (beglaubigte Ahnentafel) einer *rein arischen Abstammung* der Großeltern; Element der NS – Rassenpolitik (*Arisierung*); war für Bauern (auch für den Ehepartner) und für die Aufnahme in die NSDAP bis 1800, für den Eintritt in die SS bis 1750 zu erbringen.

* *Die Nürnberger Gesetze*

Bezeichnung für das *Reichsbürger – Gesetz* und das *Gesetz zum Schutze des deutschen Blutes und der deutschen Ehre*, anlässlich des Nürnberger Parteitags der NSDAP am 15. September 1935 verabschiedet. Danach sollten die *vollen politischen Rechte* zukünftig nur den Inhabern des *Reichsbürgerrechts* zustehen, das nur an *Staatsangehörige deutschen oder artverwandten Blutes* verliehen werden sollte (Konsequenz: Ariernachweis). Das *Blutschutzgesetz* verbot bei Gefängnis – oder Zuchthausstrafe u. a. die Eheschließung zwischen Juden und *Staatsangehörigen deutschen oder artverwandten Blutes* (sog. *Rassenschande*). Die Nürnberger Gesetzeverbreiteten die juristische Basis für die Diskriminierung und Verfolgung der Juden in Deutschland (Holocaust).

* *Die Reichskristallnacht*

(Reichskristallnacht, Novemberpogrom, Reichspogromnacht), Bezeichnung (vermutlich wegen der zahlreichen zertrümmerten Fensterscheiben) für die von den Nationalsozialisten in Deutschland in der Nacht vom 9. zum 10. November 1938 organisierten Pogrome gegen Juden. Auf Initiative von J. Goebbels wurde das von H. Grynszpan am 7. November 1938 am deutschen Botschaftssekretär in Paris (E. vom Rath; Hintergründe nicht restlos aufgeklärt) verübte Attentat benutzt, um bei angeblich *spontanen Kundgebungen* fast alle Synagogen, jüdischen Friedhöfe sowie mehr als 7000 jüdische Geschäftshäuser zu zerstören. Damit begannen die direkten Aktionen zur Vernichtung der jüdischen Bevölkerung (Holocaust; Judenverfolgungen). Im Verlauf der Kristallnacht starben 91 Menschen. Mehr als 30000 Juden wurden verhaftet und zeitweilig in Konzentrationslagern inhaftiert.

* *Einige wichtige NS – Politiker*

Adolf Hitler (1889 – 1945, Selbstmord):

In Österreich geboren; schließt die Schule nicht ab, zieht nach Linz und Wien und versucht, Kunstmaler zu werden; hat damit aber kein Erfolg; in Wien muss er einige Zeit in Obdachlosenheimen leben; meldet sich 1914 freiwillig zum Krieg, wird verwundet; nach dem Ende des Ersten Weltkrieges beschließt er, der soeben gegründeten DAP (ab 1920 NSDAP) beizutreten; Hitler verfügt über ein sehr gutes Redetalent; er steigt sehr schnell zum wichtigsten Mann der NSDAP auf; 1923 versucht er in München, eine eigene Regierung zu gründen (Putschversuch); dieser Versuch misslingt; Hitler wird zu 5 Jahren Gefängnis verurteilt, aber schon 1925 wieder freigelassen; für die Nationalsozialisten gilt er jetzt als Held der Bewegung; im Gefängnis schrieb er den ersten Teil seines Buches *Mein Kampf*.

Albert Speer (1905 – 1981): „Hitlers Architekt"; baute bzw. plante für Hitlerzahlreiche Gebäude (u.a. Pläne für Germania); 1942 Reichsminister für Bewaffnung und Munition; 1943 Rüstungsminister; 1946 während der Nürnberger Prozesse zu 20 Jahren Gefängnis verurteilt.

Heinrich Himmler（1900 - 1945, Selbstmord）: Engster Vertrauter von Hitler; Reichsführer SS und Chef der Polizei; später auch Innenminister.

Hermann Göring（1893 - 1946, Selbstmord）: Hatte Hitler schon seit 1923 befolgt; hatte zahlreiche Ämter inne（Luftfahrtminister; Wirtschaftsminister u. a.）; galt als „ zweiter Mann im Staat".

Joseph Goebbels（1897 - 1945, Selbstmord）: Hitlers „ Sprachrohr "; war Propagandaminister und ein glühender Verehrer von Hitler und dem Nationalsozialismus.

Reinhard Heydrich（1904 - 1942, Attentat）: Baute die SS zu einem umfassenden Nachrichtendienst und zu einer staatlichen Terrororganisation aus; leitete die Massentötung von Juden im besetzten Osteuropa und bereitete die „ Endlösung der Judenfrage"（Wannseekonferenz Januar 1942）vor.

Wilhelm Frick（1877 - 1946, hingerichtet）: Hatte als Reichsinnenminister（1933 - 1943）wesentlichen Anteil am Aufbau der NS - Diktatur.

Übungen XII.

1. Füllen Sie bitte die Lücken aus!

1）In der Nacht vom 27. Februar 1933 wurde das _____ in Brand gesteckt. In derselber Nacht beschuldigten die Nazis die Kommunisten als die Verantwortliche für den Brand. Am 3. März 1933 wurde _____ , der Vorsitzende der KPD, verhaftet.

2）Im Mai 1933 gegründeten Nazis die „ _____ " （ _____ ）, die alle Gewerkschaften und Arbeitgeberverbände einbezog. Am 22. Juni wurde _____ als staats - und volksfeindliche Partei verboten, die _____ wurde zur einzigen legalen Partei erklärt.

3）Nach dem Tod von Hindenburg vereinigte _____ das Amt des Präsidenten und des Kanzlers, erzielte Unter dem Titel „ _____ " seine persönliche Verherrlichung und Diktatur.

4）1936 erließ Hitler ein _____ der Aufrüstung. Die Schwerindustrie, vor allem die Stahl - und Rüstungsindustrie wurde unterstützt und gestärkt.

5）Im Jahr _____ führte die Naziregierung die „ allgemeine zeitlich begrenzte Dienstpflicht aller deutschen Staatsbürger".

6）Im August 1936 lag der Höhepunkt der Friedenpropaganda in den _____ in Berlin.

7）Zum Höhepunkt der Appeasement - Politik zählte _____ 1938.

2. Erklären Sie bitte die Begriffe!

1)Das Ermächtigungsgesetz.

2)Die Gleichschaltung.

3)Der Nationalsozialismus.

4)Die Appeasement - Politik

3. Beantworten Sie bitte die Fragen!

1)Wie verletzte Nazideutschland den *Versailler Vertrag*?

2)Wie wurde die faschistische „Achse" gebildet?

4.4   Der Zweite Weltkrieg（1939 -1945）

4.4.1   Der Zweite Weltkrieg

(1)Der Beginn des Zweiten Weltkriegs

Am 1. September 1939 überfiel Deutschland Polen und besiegte es in nur 30 Tagen. England und Frankreich erklärten am 3. September daraufhin Deutschland den Krieg. Der Zweite Weltkrieg brach aus.

(2)Der Eroberungszug von Nazi - Deutschland 1940 - 1941

1)Der Blitzkrieg in Europa 1940 - 1941.

Deutschland konnte jedoch durch seine „ Blitzkrieg * "- Strategie von 1940 bis 1941 viele Erfolge feiern. Polen, Dänemark, Norwegen,Luxemburg, die Niederlande, Belgien, Frankreich, Jugoslawien und Griechenland wurden besetzt. Es wurden in diesen Staaten Nazi - freundliche Regierungen, z. B. das sogenannte Vichy - Regime in Frankreich eingesetzt. 1940 schlossen sich Ungarn, Rumänien und Bulgarien der „Achse" an.

Weil Hitler im August 1939 mit Stalin einen Nichtangriffspakt geschlossen hatte, erklärte die UdSSR zunächst Deutschland nicht den Krieg. Deutschland und die UdSSR teilten Polen auf.

Deutschland musste auch mehrfach seinem Verbündeten Italien in Nordafrika, Griechenland und Jugoslawien helfen, weil Italien nicht erfolgreich war.

2)Der Luftangriff gegen England 1940 - 1941.

Mit Flugzeugen und Bomben versuchte Deutschland eine Invasion nach England vorzubereiten. Viele Bomben trafen London und andere englische Städte, doch konnte England unter Winston Churchill (1874 - 1965), dem britischen Premierminister, den Angriff abwehren. Deutschland musste auf eine Invasion verzichten.

3)Der Überfall gegen UdSSR 1941.

Die Nazis wollten ein Großdeutschland, das Europa beherrschen sollte. Im Osten Europas sollte „ neuer Lebensraum " für Deutsche geschaffen werden. Einheimische wurden deshalb brutal verdrängt oder getötet.

Nach dem „ Unternehmen Barbarossa" überfiel Deutschland am 22. Juni 1941 die UdSSR. Stalin hatte mit einem Angriff nicht gerechnet. Die sowjetische Armee war darauf nicht vorbereitet. Deshalb konnte die deutsche Armee sehr schnell bis kurz vor Moskau vordringen.

DieUdSSR gewann vom 30. September bis zum 6. Dezember 1941 in der Schlacht vor Moskau, konnte den Vormarsch von Nazis abwehren. Nach dem Wintereinbruch 1941 – 1942 folgte jedoch die sowjetische Gegenoffensive. Stalin hatte neue Kräfte gesammelt und rückte mit einer riesigen Armee gegen die Deutschen an.

(3)Der Überfall von Pearl Harbour 1941

Am 7. Dezember 1941 überfiel Japan Pearl Harbour, den amerikanischen Flotten – und Luftstützpunkt im Pazifik. Am 8. erklärten die USA Japan den Krieg. Darauf folgte die Kriegserklärung Deutschlands und Italiens an die USA. Durch den Eintritt der UdSSR und der USA in den Krieg wurde das Kriegsverhältnis von Grund auf verändert.

(4)Die Wende des Zweiten Weltkriegs 1942 – 1943

Vom November 1942 bis Februar 1943 konnte Deutschland in der entscheidenden Schlacht von Stalingrad in der Sowjetunion nicht gewinnen. Beide Seiten erlitten jedoch großen Verlust. Deutsche Armee musste sich langsam aus Russland zurückziehen und verlor dabei viele weitere Soldaten und die Übermacht an der Ostfront.

(5)Die Offensive der Westalliierten 1942

Großbritannien und die USA flogen ab 1942 mit schweren Bombern nach Deutschland und zerstörten viele Städte und töteten Zivilisten.

Durch die Bomben und die Zerstörung wollte man die Bevölkerung „ermüden" und „zermürben". Man hoffte, dass die deutsche Bevölkerung sich gegen die Nazis wehren würde, doch waren die Deutschen dazu nicht bereit, weil die Nazi – Propaganda und die Nazi – Erziehung Erfolg hatten. Man glaubte, dass Hitler es schon schaffen werde und dass die UdSSR und die Westalliierten die bösen Feinde seien.

(6)Der Sturz von Mussoliniregierung 1943

Am 9. Juli 1943 drangen die Westalliierten nach Italien vor, und landeten in Sizilien. Dadurch wurde der „Duce" (ital. Führer) Mussolini gestürzt. Italien schloss mit den Alliierten einen Waffenstillstand. Deutschland verlor einen wichtigen Verbündeten und musste auch im Süden ankämpfen.

(7)Die Gegenoffensive der UdSSR 1944

Aufgrund des Sieges in der Schlacht von Stalingrad befreite die Rote Armee bis 1944 das ganze Territorium der UdSSR, vertrieb die Faschisten aus Rumänien, Bulgarien und dem größten Teil Ungarns, Polens und der Tschechoslowakei. Danach rückte die UdSSR auf Deutschland zu.

(8)Die Landung in Normandie 1944

Am 6. Juni 1944 landeten die Westalliierten in der französischen Normandie mit einer großen Armee und eröffneten die zweite Front gegen Deutschland. Deutschland konnte sich dagegen nicht mehr wehren und verlor nach und nach Land. Dennoch wollte die Nazi-Regierung nicht aufgeben. Man müsse bis zum „Endsieg" kämpfen.

(9)Die Ardennenoffensive 1944

Vom 16. Dezember 1944 bis 25. Januar 1945 organisierte Hitler in Ardennen in Belgien eine letzte großen Offensive gegen den Westen. Die Truppen der Westalliierten erlitten großen Material- und Menschenverlust. Wegen des Mangels an der Luftübermacht war Hitlers Offensive zuletzt gescheitert.

(10)Die Schlacht um Berlin 1945

Am 25. April 1945 trafen die amerikanischen Truppen auf die sowjetischen Truppen bei Torgau an der Elbe. Am gleichen Tag begann die Schlacht um Berlin. Deutschland hatte bereits verloren, aber die NS gaben den Befehl aus, bis zum letzten Mann zu kämpfen. Obwohl es kaum noch Waffen und richtige Soldaten gab, kämpften alte Menschen und Kinder gegen die Soldaten der UdSSR und der Westalliierten.

Hitler hatte sich in einem Bunker versteckt. Er gab den Befehl „Verbrannte Erde" aus: alle Fabriken, Straßen und Schienen in Deutschland sollten zerstört werden, damit die Alliierten dies nicht nutzen können. Deutschland sollte zurückgeworfen werden in die Steinzeit, weil „das deutsche Volk sich als schwach und unterlegen erwiesen hat. Das deutsche Volk verdient es daher nicht, weiterzuleben" (Hitler).

Gegen diesen Befehl hatten sich einige Beamte und Regierungsmitglieder u.a. Albert Speer gewehrt. Die Nazi-Regierung war inzwischen im Chaos untergegangen. Hohe Beamte und Funktionäre flüchteten oder brachten sich um.

(11)Die Kapitulierung Deutschlands 1945

Am 30. April 1945 nahmen sich Adolf Hitler, seine Frau Eva Braun sowie sein Propagandaminister Joseph Goebbels und seine Frau das Leben. Am 8. Mai 1945 kapitulierte Deutschland bedingungslos.

(12)Das Ende des Zweiten Weltkriegs

Am 6. und 9. August 1945 warfen die USA den japanischen Städten Hiroshima und Nagasaki zwei Atombomben ab，was die Kapitulation von Japan beschleunigte. Am 2. September 1945 kapitulierte Japan bedingungslos. Der Zweite Weltkrieg endete.

4.4.2　Die wichtigen Konferenzen während des Kriegs 1939 – 1945

(1)Die Konferenz von Moskau 1941

Vom 29. September bis 1. Oktober 1941 fand eine Konferenz der UdSSR，England，der USA in Moskau statt. Die Maßnahmen zur Organisation gegen Faschismus wurden festgelegt.

(2)Teheran – Konferenz 1943

Vom 28. November bis 1. Dezember 1943 kamen Josef Stalin (1878 – 1953)，Winston Churchill (1874 – 1965) und Franklin Roosevelt (1882 – 1945)，die Führenden der „Anti – Hitler – Koalition" in Teheran zur Konferenz. Da wurde über die weitere Kriegsführung gegen Faschismus und über die Behandlung Hitlerdeutschlands nach der Zerschlagung des deutschen Faschismus diskutiert.

(3)Die Konferenz von Jalta 1945

Vom 4. bis 11. Februar 1945 kamen die drei Chefs wieder in Jalta auf der Krim zusammen. Die Gestalt Deutschlands nach dem Krieg wurde festgelegt.

(4)Potsdamer Konferenz 1945

Vom 17. Juli bis 2. August 1945 trafen Stalin，Churchill und Harry Truman (1884 – 1972) in Potsdam zusammen. Durch das Potsdamer Abkommen drängten die Westmächte Japan，bedingungslos zu kapitulieren.

4.4.3　Holocaust und Massenmord 1939 – 1945

Am 30. Januar 1939 sagte Hitler während einer Reichstagsrede: Im Falle eines Krieges „wird die jüdische Rasse in Europa vernichtet". Mit dem Kriegsbeginn wurden Juden nicht mehr nur diskriminiert und eingesperrt，sondern ermordet.

Ab 1941 mussten alle Juden den sogenannten „Judenstern" tragen，damit jeder einen Juden erkennen konnte. Im Osten Europas wurden große KZs errichtet. Aus allen Gebieten，die die Nazis beherrschten，wurden Juden，Sinti und Roma dorthin gebracht. In den KZs gab es kein Recht，nur Willkür.Misshandlungen und Ermordungen waren an der Tagesordnung und sogar erwünscht. Menschen，die noch stark genug waren，mussten Zwangsarbeit leisten. Schwache，Alte，viele Frauen und Kinder wurden sofort getötet.

Auf der sogenannten „Wannsee – Konferenz *" am 20. Januar 1942 wurden die

Richtlinien der „Endlösung der europäischen Judenfrage" festgelegt: Die Ermordung der Juden sollte systematisiert werden.

Neben den Juden wurden auch unzählige Russen von der SS und der Reichswehr ermordet. Bis 1945 starben in den KZs insgesamt 7,2 Mio. Häftlinge, nur 500 000 überlebten.

4.4.4　Die Folgen des Zweiten Weltkrieges

Durch den Zweiten Weltkrieg starben ca.60 Millionen Menschen: UdSSR (26 Mio.); China (18 Mio.), Deutschland (8 Mio.), Japan (3 Mio.), Polen (5 Mio.), England (0,4 Mio.), USA (0,38 Mio.) usw. Es starben besonders viele Zivilisten (über 20 Mio.).

Durch den Krieg waren in Deutschland die meisten Städte schwer zerstört worden. 41% des Wohnraums waren vernichtet, die Stadt Köln zum Beispiel wurde zu 72% zerstört. Viele Deutsche mussten aus den ehemaligen Ostgebieten flüchten, z. B. aus Ungarn und dem Sudetenland (insgesamt 9,6 Mio.). Es gab viele Racheakte an Deutschen in den Ostgebieten. Durch die Zerstörung und durch die vielen Flüchtlinge hatte Deutschland ein großes Problem, genug Wohnraum bereitzustellen und Arbeit zu geben.

Bestrafung und Sühne der am Krieg Schuldigen war eines der ersten Kriegsziele der Alliierten. Die Deutschen, so die einhellige Auffassung während des Krieges, hatten zum zweiten Mal innerhalb weniger Jahre einen Krieg zur Erweiterung ihres Machtbereichs begonnen und Europa in Schutt und Asche gelegt. Der englische Premierminister Winston Churchill sprach später von einem zweiten Dreißigjährigen Krieg. Die Deutschen waren nach alliierter Auffassung eine ständige Bedrohung für ihre Nachbarn. Notwendig war deshalb, ihnen die Möglichkeit zu nehmen, Kriege zu führen. Deutschland wurde nach dem Krieg von den vier Siegermächten, den USA, Großbritannien, der UdSSR und Frankreich besetzt und in vier Besatzungszonen eingeteilt, damit nie wieder ein Krieg von Deutschland ausgehen sollte.

Durch die Nürnberger Prozesse vom 20. November 1945 bis 1. Oktober 1946 wurden 22 hohe Nazis angeklagt. Sie sollten die Verantwortung dafür übernehmen, dass fast 6 Millionen Juden und viele andere Menschen von den Nazis umgebracht worden waren und dass Deutschland einen grausamen Krieg geführt hatte. Unter den Angeklagten waren Hermann Göring, Albert Speer und Julius Streicher. 10 Angeklagte wurden zum Tode verurteilt, andere erhielten lange Haftstrafen. Später folgten noch weitere Prozesse, vor allem gegen Mitglieder der SS und KZ – Mitarbeiter.

Nach dem Ende des Krieges deutete sich bereits der nächste Konflikt zwischen den Westmächten und der UdSSR an.

Wichtige Begriffe

* *Blitzkrieg*

Überfallartiger Angriffskrieg von kurzer Dauer. Der Begriff wurde erstmals für einige deutsche Feldzüge im Zweiten Weltkrieg gebraucht, u. a. gegen Polen, Frankreich und Dänemark.

* *Wannsee - Konferenz*

Bezeichnung für eine am 20. Januar 1942 abgehaltene Konferenz von Spitzenvertretern oberster Reichs - und NSDAP - Dienststellen im Berliner Interpolgebäude (Am Großen Wannsee; seit Januar 1992 Gedenkstätte *Haus der Wannseekonferenz*); legte im Zuge der *Endlösung der Judenfrage* (Judenverfolgungen) Maßnahmen zur Vernichtung der europäischen Juden fest.

Übungen XIII.

1. Füllen Sie bitte die Lücken aus!

1) Am _____ überfiel Deutschland _____. England und Frankreich erklärten am _____ daraufhin Deutschland den Krieg. Der Zweite Weltkrieg brach aus.

2) Deutschland konnte jedoch durch seine „ _____ "- Strategie von 1940 bis 1941 viele Erfolge feiern.

3) 1940 schlossen sich _____ , _____ und _____ der „Achse" an.

4) Im August 1939 schloss Hitler mit Stalin einen _____ . Deutschland und die UdSSR teilten _____ auf.

5) Unter der Leitung von _____ , dem britischen Premierminister, konnte England den Luftangriff von Deutschland abwehren.

6) Nach dem „Unternehmen Barbarossa" überfiel Deutschland am 22. Juni 1941 die __ _____ .

7) Am 30. September bis 6. Dezember 1941 gewann die UdSSR in der _____ , konnte den Vormarsch von Nazis abwehren.

8) Am _____ überfiel Japan Pearl Harbour. Am 8. erklärten die _____ Japan den Krieg.

9) Vom November 1942 bis Februar 1943 konnte Deutschland in der _____ in der Sowjetunion nicht gewinnen, es verlor dabei die Übermacht an der Ostfront.

10) Am 9. Juli 1943 drangen die Westalliierten nach _____ vor. Dadurch wurde Mussolini gestürzt.

11) Am 6. Juni _____ landeten die Westalliierten in der französischen _____ mit einer großen Armee und eröffneten _____ gegen Deutschland.

12) Vom 16. Dezember 1944 bis 25. Januar 1945 organisierte Hitler in _____ in Belgien eine letzte große Offensive gegen den Westen.

13) Am 25. April 1945 trafen die amerikanischen Truppen auf die _____ Truppen bei Torgau an der _____ .

14) Am _____ kapitulierte Deutschland.

2. Beantworten Sie bitte die Fragen!

1) Welche wichtigen Konferenzen fanden während des Zweiten Kriegs statt?

2) Welche Folgen hatten der Zweite Weltkrieg?

5 Die Gegenwart (ab 1945)

5.1 Die Teilung Deutschlands in vier Besatzungszonen (1945 – 1949)

Nach der Niederlage Nazi – Deutschands am 8. Mai 1945 beschlossen Großbritannien, die USA und die UdSSR auf der Potsdamer Konferenz, dass Deutschland entmilitarisiert und entnazifiziert werden sollte. Es wurde ein Alliierter Kontrollrat gegründet, um ihre gemeinsamen Interessen zu besprechen. Deutschland wurde von den Siegermächten in vier Besatzungszonen, in einen amerikanischen, einen britischen, einen französischen und einen sowjetischen Teil * eingeteilt und besetzt. Berlin wurde ebenfalls in vier Bereiche eingeteilt. Weil Berlin mitten in der Sowjetisch Besetzten Zone (SBZ) lag, nannte man dies die „Insellage Berlins".

5.2 Deutschland im Kalten Krieg (1945 – 1990)

5.2.1 Der Beginn des Kalten Kriegs

(1)Die *Rede über den Eisenen Vorhang* 1946

Bereits nach dem Ende des Zweiten Weltkriegs kam es zu ideologischen Konflikten zwischen den Westalliierten und der UdSSR. Am 5. März 1946 hielt Winston Churchill, der britische Premierminister, die *Rede über den Eisenen Vorhang*, die die ideologischen Gegenüberstellungen zwischen den westlichen Siegermächten und der Sowjetunion darstellte. Damit wurde der Kalte Krieg * eingeleitet.

(2)Die Gründung der SED in der SBZ 1946

Im April 1946 schlossen sich in der SBZ die Kommunistische Partei Deutschlands (KPD) und die Sozialdemokratische Partei Deutschlands (SPD) zur Sozialistischen Einheitspartei Deutschlands (SED) zusammen.

Die westlichen Besatzungsmächte ließen auch in ihren Zonen die SPD, die Christliche

Demokratische Union (CDU), die Christlich – Soziale Union in Bayern (CSU), und die Freie Demokratische Partei (FDP) gründen.

(3) Truman-Doktrin 1947

Am 12. März 1947 kündigte Truman, der amerikanische Präsident, seine Politik zur „Eindämmung des Kommunismus" an, die auch „Truman Doktrin" genannt wurde. Es symbolisierte den vollständigen Ausbruch des Kalten Kriegs zwischen den USA und der Sowjetunion.

(4) Marshall-Plan 1947

Am 5. Juni 1947 verkündete George Marshall (1880 – 1959), der US – Außenminister, in seinem Vortrag das Hilfsprogramm, den sogenannten „Marshallplan". Die Westzonen bekamen durch die Dollarhilfe die Grundlage für den wirtschaftlichen Wiederaufbau und wurden auch in politische und wirtschaftliche Abhängigkeit von den USA gebracht.

(5) Der Molotov – Plan und das Kominform 1947

Als die Antwort auf den Marshallplan unterzeichnete die Sowjetunion im Sommer 1947 mit Bulgarien, der Tschechoslowakei, Ungarn und Polen eine Reihe von Außenhandelsverträgen, die vom Westen „der Molotov – Plan" genannt wurden. Am 30. September 1947 gründete die Sowjetunion das Kommunistische Informationsbüro (Kominform).

(6) Die Berlin – Blockade 1948

Im Rahmen des Marshallplans beschlossen Großbritannien, Frankreich und die USA eine enge Zusammenarbeit innerhalb ihrer drei Besatzungszonen. Am 15. Juni 1947 schlossen die USA und England ihre Besatzungszonen wirtschaftlich zur „Bizone" zusammen. Die Sowjetunion trat am 21. März 1948 aus dem Kontrollrat aus. Am 20. Juni 1948 schloss sich Frankreich an die Bizone an. Unter der Leitung von Ludwig Erhard (1897 – 1977) führte der Wirtschaftsrat die marktwirtschaftliche Ordnung und die Deutsche Mark (D – Mark) in die Westzonen Deutschlands ein.

Die UdSSR protestierte dagegen und beschloss, am 22. Juni 1948 auch eine Währungsreform in der Ostzone einzuführen, und am 24. die Stadt Berlin zu blockieren (Berlin – Blockade ＊). Diese Blockade misslang jedoch dank der alliierten Luftbrücke ＊. Bis 12. Mai 1949 war der Verkehr nach Berlin wieder frei.

(7) Der Rat für Gegenseitige Wirtschaftshilfe (RGW) 1949

Nach dem Molotov – Plan wurde der Rat für Gegenseitige Wirtschaftshilfe (RGW) als weitere Gegenmaßnahme gegen den Marshallplan am 8. Januar 1949 unter der Führung der Sowjetunion gegründet.

5.2.2 Zwei deutsche Staaten

Deutschland lag genau zwischen den beiden Blöcken der Westmächte und der UdSSR, war die „Nahtstelle des Kalten Krieges", deshalb für die beiden Seiten sehr wichtig. Sehr bald wollten die beiden nicht mehr Deutschland schwächen, sondern den jeweiligen Teil, West – und Ostteil stärken, um es für den Fall eines Krieges besser schützen zu können.

(1) Die Bundesrepublik Deutschland (BRD)

Am 8. Mai 1949 wurde das Grundgesetz in den Westzonen angenommen. Am 23. Mai 1949 wurde die Bundesrepublik Deutschland (BRD) gegründet. Nach dem Grundgesetz war die BRD eine „parteienstaatliche parlamentarisch – demokratische Republik" mit einer sozialen Marktwirtschaft. Bonn wurde zur Hauptstadt. Konrad Adenauer (1876 – 1967) und Theodor Heuss (1884 – 1963) wurden jeweils zum ersten Bundeskanzler und Bundespräsidenten der BRD. Die BRD war ein stark föderaler Staat, d.h. die Bundesländer hatten wichtige Rechte. Die Westalliierten wollten dadurch verhindern, dass sich wieder eine zentrale Gewalt etablieren kann. Die Bundesländer sollten die BRD kontrollieren.

(2) Die Deutsche Demokratische Republik (DDR)

Weil die UdSSR zunächst noch beabsichtigte, Deutschland als neutralen Staat zwischen den Westmächten und der UdSSR zu vereinigen, wurde die SBZ anfangs noch nicht besonders stark „stalinisiert".

Erst nachdem die BRD gegründet worden war, reagierte die UdSSR mit der Gründung der Deutschen Demokratischen Republik (DDR) am 7. Oktober 1949. Die DDR wurde ab 1950 zu einem kommunistischen Staat ausgebaut, mit der Sozialistischen Einheitspartei Deutschlands (SED) als alleiniger Entscheidungsträger. Die SED bestimmte über das gesamte Leben in der DDR. Es gab zwar noch andere Parteien, doch sie besaßen keine Macht und waren vom Willen der SED abhängig.

Die Hauptstadt der DDR befand sich in Ost – Berlin. Walter Ulbricht (1893 – 1973) wurde Erster Staatssekretär * , der Chef der Regierung und zugleich der Partei.

5.2.3 Die Entwicklung der BRD im Kalten Krieg

(1) Die Besonderheiten in der Politik

Typisch für die BRD war die Stabilität der Parteiensysteme und der Regierungen. Bis 1980 dominierten drei Parteien, die CDU/CSU, die SPD, die FDP die Politik. Aufgrund vieler Umweltprobleme wurde 1980 schließlich die Partei „Die Grünen" gegründet, die bereits 1983 in den Bundestag einzog. Bis zur Deutschen Einheit sollten es diese vier Parteien sein, die die Politik der BRD bestimmten. Bis heute hatte die BRD insgesamt sieben Bundeskanzler und eine Bundeskanzlerin * .

(2)Die Zeit unter Adenauer 1949 – 1963

1)Die Westintegration, die Wiederbewaffnung und der Wiederaufbau (Drei W).

Konrad Adenauer ∗ (CDU) versuchte, die BRD stark an den Westen zu binden und schnell die Souveränität des Landes zurückzugewinnen. Durch den Deutschland – Vertrag ∗ am 26. Mai 1952 hatte die BRD bereits die volle staatliche Souveränität zurückerhalten.

Ab 1953 wurde wieder eine Armee in der BRD eingerichtet. Am 5. Mai 1955 trat die BRD dem Nordatlantischen Bündnis (NATO) bei, führte ab 1956 die allgemeine Wehrpflicht ein. Am 23. Mai 1957 beteiligte sich die BRD an der Europäischen Gemeinschaft (EG) und bemühte sich erfolgreich, die sogenannte alte „Erbfeindschaften" mit Frankreich und Großbritannien abzubauen.

Die USA entwickelten den Marshallplan, durch den Europa und vor allem Deutschland viel Geld erhielten, um das Land wiederaufzubauen. Vor allem dank dieser Hilfe wuchs die Wirtschaft in der BRD sehr schnell. In den 1950er Jahren wurde schließlich vom „ Wirtschaftswunder " gesprochen. Die BRD wurde zu einem Wohlfahrtsstaat.

2)Die Hallstein – Doktrin.

Die Adenauer – Regierung war nicht bereit, die Existenz der DDR als eigenen Staat zu akzeptieren, deswegen wurde in der BRD bis 1969 die sogenannte Hallstein – Doktrin ∗ durchgeführt.

(3)Zweispiel unter Erhard und Kiesinger 1963 – 1969

1)Die Regierung unter Erhard 1963 – 1966.

1963 trat Adenauer zurück. Eine Koalition wurde von der CDU/CSU und der FDP gebildet. Ludwig Erhard (1897 – 1977) , der Bundeswirtschaftsminister aus der CDU wurde zum zweiten Bundeskanzler.

2)Die Regierung unter Kiesinger 1966 – 1969.

1966 kam es zur wirtschaftlichen Krise. Unter dem Druck der Opposition musste Erhard zurücktreten. CDU/CSU schlossen sich mit SPD zusammen und sie bildeten die Große Koalition. Kurt Kiesinger (1904 – 1988) aus der CDU, der neue Bundeskanzler übernahm das Amt und überwand die Krise.

3)Die APO und die Studentenbewegung 1968.

Die Zeit des Bundeskanzlers Adenauer war für Deutschland sowohl politisch als auch wirtschaftlich erfolgreich. Trotzdem kam auch viel Kritik an der konservativen Politik Adenauers vor. So wurde nicht streng gegen Politiker und Unterstützer der NSDAP vorgegangen, viele Beamte wurden aus der Nazi – Zeit übernommen.

Die konservative Grundhaltung der Gesellschaft und der Regierung führte 1968 zu heftigen Protesten der Studenten. Sie gründeten eine Außerparlamentarische Opposition

（APO）＊. Diese Proteste hatten eine große Wirkung auf die deutsche Gesellschaft und Entwicklung.

(4) Die Zeit der sozialliberalen Koalition 1969 – 1982

1) Willy Brandts neue Ostpolitik.

Ab 1969 bildete die SPD zusammen mit der FDP die sozialliberale Koalition. Die Koalition regierte schließlich unter dem Bundeskanzler Willy Brandt (1913 – 1992) aus der SPD. Brandt bemühte sich vor allem darum, die Konflikte zwischen der BRD und der DDR aufzuheben. Seine Ostpolitik sollte das Verhältnis beider Staaten zueinander verbessern.

Am 7. Dezember 1970 kniete der Bundeskanzler Willy Brandt beim Besuch in Warschau vor dem Mahnmal im ehemaligen Warschauer Ghetto nieder, was weltweites Aufsehen erregte.

1970 schloss die BRD die Friedensverträge mit der Sowjetunion und der Volksrepublik Polen. 1971 wurde das *Viermächte – Abkommen über Berlin* von den vier Siegermächten unterzeichnet. Dadurch wurde die Zugehörigkeit Westberlins zur BRD anerkannte, und der Reise – und Handelsverkehr erleichtert. Am 21. Dezember 1972 wurde der *Vertrag über die Grundlagen der Beziehungen zwischen der BRD und DDR (Grundlagenvertrag)* unterzeichnet. Damit begannen die beiden deutschen Staaten, sich einander anzuerkennen. Am 18. September 1973 trat die BRD in die United Nations Organization (UNO) ein.

1971 wurde Willy Brandt der Friedensnobelpreis verliehen. Seine Politik wurde vor allem von Konservativen kritisiert, die die Existenz der DDR nicht akzeptieren wollten.

2) Helmut Schmidt 1974 – 1982.

Wegen der Guillaume – Affäre musste Willy Brandt zurücktreten. Helmut Schmidt (1918 – 2015) aus der SPD wurde zum Bundeskanzler und regierte von 1974 bis 1982. Während der Regierung bemühte er sich um hartes Durchgreifen gegen den Terrorismus.

(5) „Koalition der Mitte" unter Helmut Kohl 1982 – 1998

Die SPD regierte bis 1982. Danach folgte die „Koalition der Mitte" aus der CDU/CSU und der FDP unter dem Bundeskanzler Helmut Kohl (1930 – 2017) bis 1998.

Während des Umbruches in der DDR am Ende 1989 nutzte Kohl die Chance aus, verkündete am 28. November *Das Zehn – Punkte – Programm zur Verwirklichung der Einheit*. Im Laufe der europäischen Einigung setzte sich Kohl für die Einführung der einheitlichen Währung „ Euro " ein. Damit hatte er einen großen Beitrag zum Einigungsprozess Deutschlands und Europas.

5.2.4　Die Entwicklung der DDR

(1) Das sowjetische Modell und die Kontrolle der Bevölkerung

Die DDR war ein zentralisierter Staat nach dem sowjetischen Modell. Ab 1950 wurde auch die Planwirtschaft und Kollektivierung gefördert, vor allem die Grundstoff – und Schwerindustrie wurde bevorzugt.

Es wurde ein Kontroll – und Sicherheitsinstrument, die Staatssicherheit (Stasi) aufgebaut, dadurch wurde das Volk überwacht. Gegner der Politik der SED wurden beobachtet, abgehört, kontrolliert und eingesperrt. Es gab auch viele geheime Spitzel, die sogenannten Inoffiziellen Mitarbeiter der Stasi (IM), und herrschte viel Misstrauen. Lehrer fragten die Schüler nach den Gewohnheiten der Eltern, Nachbarn beobachteten ihre Nachbarn und berichteten, wenn etwas Verdächtiges geschah.

Die DDR trat dem sowjetischen Bündnissystemen bei,im September 1950 dem Rat für gegenseitige Wirtschaftshilfe (RGW) und am 14. Mai 1955 dem Warschauer Pakt.

(2)Die Aufbauzeit 1949 – 1961

1)Der Aufstand 1953.

Weil die Menschen in der DDR immer mehr arbeiten mussten und zugleich immer weniger Konsumgüter vorhanden waren, protestierten viele Arbeiter. Am 17. Juni 1953 kam es zuerst in Berlin, dann in vielen anderen Städten der DDR zu Aufständen, die aber am 18. und 19. Juni von sowjetischen Soldaten niedergeschlagen wurden. Viele Aufständische kamen ins Gefängnis oder flüchteten.

2)Die Fluchtwelle und Berliner Mauer 1961.

Weil die Leute mit der Situation in der DDR unzufrieden waren, flüchteten bis 1961 insgesamt 3 Millionen Menschen, vor allem Akademiker und gut ausgebildete Fachkräfte in die BRD.

Gegen die Fluchtwelle der Bürger nach Westen ließ die DDR – Regierung am 13. August 1961 einen „antifaschistischen Schutzwall" in Berlin errichten und die Grenze zur BRD durch Zäune und Soldaten sichern. Niemand durfte ohne offizielle Erlaubnis die DDR verlassen. Die offizielle Erlaubnis wurde nur sehr selten gegeben und fast immer nur an treue SED – Mitglieder. Wer flüchten wollte, riskierte sein Leben, weil die Soldaten an der Grenze die Erlaubnis hatten, auf Flüchtlinge zu schießen. Bis 1989 starben insgesamt 900 Menschen an der innerdeutschen Grenze.

(3)Die Wirtschaftsreform und die stabilisierte Entwicklung 1961 – 1987

Ab 1963 wurde die Planwirtschaft durch die Wirtschaftsreform, das „Neue Ökomonische System der Planung und Leitung" gelockert und mehr Konsumgüter produziert, deshalb stieg in der DDR die Kraft der Wirtschaft und der Wohlstand in diesen Jahren.

In der Zeit zwischen 1960er bis 1980er Jahren war die DDR daher ein relativ ruhiger Staat.Am 18. September 1973 trat die DDR mit der BRD zusammen in die UNO ein.

(4)Die Krisezeit 1989

Ende der 1980er protestierten auch viele Menschen in der DDR für Reform, für mehr

Demokratie, für mehr Eigenständigkeit und weniger Kontrolle. Sie gingen auf die Straße und riefen „Wir sind das Volk".

Die SED wehrte sich jedoch gegen jede Reform, wollte keine Veränderungen zulassen. Gegen diese Proteste konnte die SED nicht auf Dauer bestehen. Zudem hatte der neue Staatssekretär der UdSSR, Michail Gorbatschow (1931 –), mitgeteilt, dass die UdSSR die SED nicht mehr wie früher unterstützen könne. Nach vielen Protesten, den sogenannten „Montagsdemonstrationen" * musste die SED schließlich einlenken. Erich Honecker (1912 – 1994), der Erste Staatssekretär trat am 18. Oktober 1989 zurück, der Nachfolger Egon Krenz (1937 –) leitete die Reformen ein, konnte die Krise jedoch nicht in Kontrolle bringen.

5.2.5 Der Weg zur Einheit 1989 – 1990

(1) Der Zusammenbruch des kommunistischen Systems 1989

In den 1980er Jahren wollten immer mehr Staaten Osteuropas z.B. Polen, Ungarn u.a. nicht mehr völlig unter der Kontrolle der UdSSR stehen, sondern mehr Mitspracherechte.

Außerdem verlor die UdSSR an wirtschaftlicher Stärke. Die Jahre des sogenannten Wettrüstens und des Kalten Krieges hatten die Wirtschaft der UdSSR und der abhängigen Staaten stark geschwächt.

Ab 1985 begann Michail Gorbatschow das sozialistische System zu reformieren. In der Kettenreaktion brachen 1989 bis 1990 die kommunistischen Systeme in Osteuropa zusammen, was auch die DDR in Unruhen brachte.

(2) Der Mauerfall 1989

In den Unruhen verlor die Staatsführung die Kontrolle in der DDR. Die Staatsmänner der DDR traten nacheinander zurück. Am 9. November 1989 wurden die Grenzen zur BRD und nach West – Berlin geöffnet. Die Berliner Mauer fiel.

(3) Die Wende zur Einheit 1989 – 1990

Als Reaktion auf die veränderte Situation in der DDR verkündigte der Bundeskanzler Kohl der BRD am 28. November 1989 das *Zehn – Punkte – Programm zur Verwirklichung der Einheit*. Am 18. März 1990 fanden die ersten freien Wahlen in der DDR statt. „Die Allianz für Deutschland" wurde Sieger, weil sie die Einheit befürwortete und von der CDU und CSU in der BRD unterstützt wurde. Die Mehrheit der Bevölkerung in der DDR stimmte zu, die Wirtschaft – und Gesellschaftsstrukuren der BRD zu übernehmen.

(4) Die Wiedervereinigung 1990

Der *Vertrag über die Wirtschafts –, Währungs – und Sozialunion (der erste Staatsvertrag)* wurde am 13. Mai 1990 von der BRD und DDR unterzeichnet, und trat am 1. Juli in Kraft.

Am 31. August 1990 wurde der *Vertrag über die Herstellung der staatlichen Einheit* (*der zweite Staatsvertrag* oder *der Einigungsvertrag*) von den beiden unterzeichnet.

Nach den „Zwei – plus – vier – Verhandlungen" unter beiden deutschen Staaten und vier Siegermächten wurde der *Vertrag über die abschließende Regelung in Bezug auf Deutschland* (*der Friedensvertrag*) am 12. September 1990 in Moskau unterzeichnet. Die Rechte und Verantwortlichkeiten der vier Siegermächte in Berlin und Deutschland wurden aufgehoben. Deutschland erhielt die volle Souveränität.

Am 2. Oktober 1990 löste sich die DDR auf. Am 3. traten die fünf Länder Brandenburg, Mecklenburg – Vorpommern, Sachsen – Anhalt, Sachsen und Thüringen der BRD bei. Die Wiedervereinigung Deutschlands wurde in Berlin gefeiert.

▌ Wichtige Begriffe ▐

* *Vier Besatzungszonen*

Britische Zone: Niedersachsen, Hamburg, Schleswig – Holstein, Nordrhein – Westfalen, Westberlin. Amerikanische Zone: Bayern, nördlicher Teil Baden – Württembergs, Hessen, Bremen, Westberlin. Französische Zone: Rheinland – Pfalz, südlicher Teil Baden – Württembergs, Saarland, Westberlin. Sowjetisch besetzte Zone (SBZ): Sachsen, Mecklenburg – Vorpommern, Thüringen, Brandenburg, Sachsen – Anhalt, Ostberlin.

* *Der Kalte Krieg*

Bezeichnung für eine nicht militärische Konfrontation zweier Staaten oder Staatenblöcke, bei der ideologische und propagandistische Unterwanderung, wirtschaftliche Kampfmaßnahmen (Embargo), Wettrüsten, Gründung und Ausbau von Bündnissen mit politischen Offensiven und Kriegsdrohungen bis zum Rande eines Kriegsausbruches führen können; als Schlagwort zuerst von B.M. Baruch gebraucht. Seit 1947 geläufige Bezeichnung (Kalter Krieg) für den Ost – West – Konflikt, der in der Berliner Blockade und im Koreakrieg seine Höhepunkte erreichte; wurde nach dem Tod Stalins (1953) mit Unterbrechungen (u.a. Kubakrise 1962) durch die Entspannungspolitik abgelöst und fand sein Ende mit der Auflösung des Warschauer Paktes 1991.

* *Die Berlin – Blockade*

Die von der sowjetischen Besatzungsmacht in der SBZ verhängte die Blockade (24. Juni 1948 bis 12. Mai 1949) der Westsektoren Berlins durch Sperrung aller Land – und Wasserwege zu den westlichen Besatzungszonen Deutschlands, zur SBZ und zum Ostsektor Berlins. Dieser Versuch der UdSSR, ganz Berlin unter ihre Kontrolle zu bringen, scheiterte am Widerstand der Westmächte (besonders der USA) und der Bevölkerung von Berlin (West), die seit dem 26. Juni 1948 über eine Luftbrücke versorgt wurde.

* **Die Luftbrücke**

Auf die Berlin – Blockade reagierten Amerikaner und Briten mit der Einrichtung einer Luftbrücke. Mit einer eindrucksvollen organisatorischen, technischen und menschlichen Leistung gelang es, die Versorgung der Zivilbevölkerung (rund 2,5 Millionen) und der westlichen Besatzungstruppen sicherzustellen. Während der elf Monate dauernden Blockade wurden fast 1,5 Millionen Tonnen Lebensmittel, Brenn – und Baumaterialien, Medikamente und andere wichtige Güter in etwa 195 000 Flügen nach West – Berlin gebracht. An der innerdeutschen Zonengrenze errichteten die Westmächte eine Gegenblockade.

* **Die Hallstein – Doktrin**

Grundsatz der Deutschlandpolitik der Bundesrepublik Deutschland in der Zeit des Ost – West – Konfliktes, nach W. Hallstein benannt. Die Doktrin drückte gestützt auf das Grundgesetz den Anspruch der Bundesrepublik Deutschland aus, ganz Deutschland völkerrechtlich allein zu vertreten. Die Bundesregierung durfte keine völkerrechtlichen Beziehungen zu Staaten aufnehmen oder aufrechterhalten, die die DDR diplomatisch anerkannten (Ausnahme UdSSR). Mit ihrer Deutschland – und Ostpolitik gab die Bundesregierung unter W. Brandt 1969 die Hallsteindoktrin auf. Der Beitritt der Bundesrepublik Deutschland und der DDR (1973) zur UNO markierte den Schlusspunkt dieser Entwicklung.

* **Der *Deutschland – Vertrag***

(*Bonner Vertrag*), der am 26. Mai 1952 in Bonn zwischen der Bundesrepublik Deutschland und den USA, Großbritannien und Frankreich abgeschlossene *Vertrag über die Beziehungen der Bundesrepublik Deutschland mit den 3 Mächten*, mit dem Generalvertrag als Kernstück aufgrund des Deutschlandvertrags wurde die Bundesrepublik Deutschland Mitglied der NATO und der Westeuropäischen Union.

* **Konrad Adenauer**

Adenauer prägte als erster Kanzler der Bundesrepublik Deutschland eine Epoche, die Adenauer – Zeit ist nach ihm benannt. Prägend für die Adenauer – Zeit waren der Wiederaufbau eines deutschen Staates, der Wiedereintritt Nachkriegsdeutschlands in die Weltgemeinschaft, das Wirtschaftswunder und die Aussöhnung mit Frankreich. Er war entscheidend mitbeteiligt an der Schaffung der Grundlagen der Europäischen Gemeinschaft. 1957 – 1961 konnte er sich auf eine absolute Mehrheit der Union im Deutschen Bundestag stützen. Die Kritik warf Adenauer seinen zu strikt antikommunistischen Kurs und die einseitige Westbindung vor. Gegen Ende seiner Amtszeit konnte er nicht von der Macht lassen und musste praktisch von seiner eigenen Partei aus dem Amt gedrängt werden.

* *Die Außerparlamentarische Opposition*

Abkürzung APO，1966 in der Bundesrepublik Deutschland nach der Bildung der großen Koalition aus CDU/CSU und SPD entstandene Gruppen v. a. von Studenten （Studentenbewegung） und Jugendlichen，die sich im Streit um Notstandsgesetze，Hochschulreform und Pressekonzentration nicht durch die Parteien des Bundestages vertreten sahen. Unter Führung des Sozialistischen Deutschen Studentenbundes （SDS） entwickelte sich die APO zu einer antiautoritären Bewegung，die durch provokative，oft gewaltsame Methoden gesellschaftliche Veränderungen zu erreichen suchte （Höhepunkt：1968，deshalb auch *Achtundsechziger*）.

* *Der Bundeskanzler*

Die politische Macht in der Bundesrepublik Deutschland übt der Bundeskanzler aus，der Bundespräsident hat eher repräsentative Funktionen. Der Bundeskanzler wird vom Bundestag gewählt. Die Mitglieder der Bundesregierung werden vom Bundespräsidenten auf Vorschlag des Bundeskanzlers ernannt. Der Bundeskanzler bestimmt die Richtlinien der Politik und trägt dafür die Verantwortung. Er hat，anders als in der Weimarer Republik，eine sehr starke Position. So kann er nicht einfach vom Bundestag abgewählt，sondern nur durch ein konstruktives Misstrauensvotum，also die Wahl eines Nachfolgers，gestürzt werden.

Deutsche Bundeskanzler von 1949 – 2021：Konrad Adenauer （CDU，1949 – 1963）；LudwigErhard （CDU，1963 – 1966）；Kurt Georg Kiesinger （CDU，1966 – 1969）；Willy Brandt （SPD，1969 – 1974）；Helmut Schmidt （SPD，1974 – 1982）；Helmut Kohl （CDU，1982 – 1998）；Gerhard Schröder （SPD，1998 – 2005）；Angela Merkel （CDU，2005 – 2021）.

* *Die Staatssekretäre der DDR*

Walter Ulbricht （1950 – 1971）；Erich Honecker （1971 – 1989）；Egon Krenz （Oktober bis Dezember 1989）.

* *Die Montagsdemonstrationen*

Massendemonstrationen in Leipzig，die sich von September 1989 bis März 1990 jeden Montagabend im Anschluss an die Friedensgebete in der Nikolaikirche （seit Ende 1981；seit 1982 von kirchlichen Basisgruppen veranstaltet） organisierten；bedeutend v.a. am 9. Oktober 1989，erreichten im Oktober 1989 eine DDR – weit mobilisierende Wirkung （am 30. Oktober etwa 300 000 Teilnehmer） und trugen wesentlich zum Sturz des SED – Regimes 1989 und zur Herstellung der deutschen Einheit 1990 bei.

Übungen XIV.

1. Füllen Sie bitte die Lücken aus!

1) Nach dem Zweiten Weltkrieg wurde Deutschland von den ＿＿＿＿ , ＿＿＿＿ , ＿＿＿＿ und der ＿＿＿＿ in vier Besetzungszonen eingeteilt und besetzt.

2) Am 5. März ＿＿＿＿ hielt Winston Churchill die Rede über den „ ＿＿＿＿ ". Damit wurde der Kalte Krieg eingeleitet.

3) Im April ＿＿＿＿ schlossen sich in der SBZ die KPD und die SPD zur ＿＿＿＿ (＿＿＿＿) zusammen.

4) Am 12. März ＿＿＿＿ kündigte Truman seine Politik zur „ Eindämmung des Kommunismus" an, die auch „ ＿＿＿＿ " genannt wurde.

5) Am 5. Juni ＿＿＿＿ verkündete George Marshall das Hilfsprogramm, den sogenannten „ ＿＿＿＿ ".

6) Die Sowjetunion unterzeichnete im Sommer 1947 mit Bulgarien, der Tschechoslowakei, Ungarn und Polen eine Reihe von Außenhandelsverträgen, die vom Westen „ ＿＿＿＿ " genannt wurden.

7) Am 15. Juni ＿＿＿＿ schlossen die USA und England ihre Besatzungszonen wirtschaftlich zur „ ＿＿＿＿ " zusammen.

8) Die UdSSR beschloss, am 24. Juni 1948 die Stadt ＿＿＿＿ zu blockieren. Bis 12. Mai ＿＿＿＿ war der Verkehr nach ＿＿＿＿ wieder frei.

9) Nach dem Molotov – Plan wurde der ＿＿＿＿ (＿＿＿＿) als weitere Gegenmaßnahme gegen Marshallplan am 8. Januar 1949 unter der Führung der Sowjetunion gegründet.

10) Am ＿＿＿＿ wurde ＿＿＿＿ (BRD) gegründet. ＿＿＿＿ wurde zum ersten Bundeskanzler der BRD.

11) Am ＿＿＿＿ wurde ＿＿＿＿ (DDR) gegründet. ＿＿＿＿ wurde zum Erster Staatssekretär der DDR.

12) Mithilfe des Marshallplans wuchs die Wirtschaft in der BRD sehr schnell. In den ＿＿＿＿ er Jahren wurde schließlich vom „ ＿＿＿＿ " gesprochen.

13) Am 7. Dezember ＿＿＿＿ kniete der Bundeskanzler ＿＿＿＿ beim Besuch in Warschau vor dem Mahnmal im ehemaligen Warschauer Ghetto nieder, was weltweites Aufsehen erregte. 1971 wurde ihm der ＿＿＿＿ verliehen.

14) Die „ ＿＿＿＿ " aus der CDU/CSU und der FDP unter ＿＿＿＿ regierte bis 1998.

15) Am 28. November ＿＿＿＿ verkündete Kohl das ＿＿＿＿ zur Verwirklichung der Einheit. Im Laufe der europäischen Einigung setzte er sich für die Einführung der

einheitlichen Währung „_____" ein.

16）Die DDR war ein zentralisierter Staat nach dem _____ Modell.

17）Die DDR tratam 14. Mai 1955 dem _____ Pakt bei.

18）Am 18. September trat die DDR mit der BRD zusammen in die _____ ein.

19）Am _____ wurden die Grenzen zur BRD und nach West – Berlin geöffnet. Die _____ fiel.

20）Am _____ löste sich die DDR auf. Am _____ wurde die Wiedervereinigung Deutschlands in Berlin gefeiert.

2. Erklären Sie bitte die Begriffe!

1）Die Fluchtwelle.

2）Berliner Mauer.

3. Beantworten Sie bitte die Fragen!

1）Was war die Drei W – Politik von Konrad Adenauer?

2）Was war Willy Brandts neue Ostpolitik?

3）Welche wichtigen Verträge wurden 1990 zur deutschen Einheit unterzeichnet?

Literaturverzeichnis

[1] Dahms, Hellmuth Günther. Deutsche Geschichte im Bild[M]. Frankfurt am Main, Berlin: Ullstein, 1991.

[2] Gebhardt. Handbuch der deutschen Geschichte (Bände 1 – 22)[M]. München: Deutscher Taschenbuch Verlag, 1980.

[3] Grebing, Helga. Geschichte der deutschen Arbeiterbewegung [M]. München: Deutscher Taschenbuch Verlag, 1981.

[4] Mann, Golo. Deutsche Geschichte des 19. und 20. Jahrhunderts[M]. Frankfurt am Main: Fischer Taschenbuch Verlag, 2002.

[5] Raff, Diether. Deutsche Geschichte. Vom Alten Reich zur Zweiten Republik[M]. München: Max Hueber Verlag, 1985.

[6] Ries, Heinz – Gerd. Deutsche Geschichte von den Anfängen bis zur Gegenwart[M]. Köln: DuMont Literatur und Kunst Verlag, 2005.

[7] Schulze, Hagen. Kleine deutsche Geschichte [M]. München: Verlag C. H. Beck, 1996.

[8] Tenbrock, Roberte – Hermann. Geschichte Deutschlands [M]. München: Max Hueber Verlag, 1997.

[9] Zettel, Erich. Deutschland in Geschichte und Gegenwart. 7. Auflage[M]. München: Max Hueber Verlag, 1997.

[10] 丁建弘. 战后德国的分裂与统一[M]. 北京:人民出版社,1996.

[11] 丁建弘,陆世澄. 德国通史简编[M]. 北京:人民出版社,1991.

[12] 卡尔·迪特利希·埃尔德曼. 德意志史[M]. 北京:商务印书馆,1986.

[13] 姚宝. 德国简史教程[M]. 上海:上海外语教育出版社,2005.

[14] 周一良. 世界通史[M]. 北京:人民出版社,1972.

Anhang Ⅰ. Lösungen

Übungen I.

1. Füllen Sie bitte die Lücken aus!

1) Häuptling.

2) Die Runen.

3) Die Römer.

4) Limes Donaugrenze.

5) 375.

6) 395, Weströmisches Reich, Byzanz (Konstantinopel).

7) Die Bibel.

8) 391.

2. Erklären Sie bitte die Begriffe!

1) Das Thing: Die Versammlung der freien Männer eines Stammes.

2) Der Limes: Ein 548 km langer Grenzwall zwischen Oberrhein und Donau, der von den Römern ab 84 n. Chr. gebaut wurde, um die Einfällen der Germanen zu halten.

3) Das Bündnis von „Thron und Altar": Das Bündnis zwischen weltlicher Macht und kirchlicher Macht. Das Christentum wird vom Kaiser geschützt, die Kirche muss auch dem Kaiser gehorsam sein.

3. Beantworten Sie bitte die Fragen!

1) Griechen und Römer.

2) Germanen, Kelten.

3) Bedrängt durch Überbevölkerung, Hungersnöte sowie den Einfall der Hunnen (xiong nu ren) in Europa, suchten sich die germanischen Stämme neue Orte. Europa befand sich in dieser Zeit in einem ständigen Wechsel der Herrschaft. Die sogenannte Völkerwanderung veränderte Europa grundlegend.

Erst nach dem Sieg über die Hunnen (451 n. Chr.) sowie den Niedergang des Römischen Reiches konnten sich die germanischen Stämme festigen.

Neue germanische Reiche entstanden in dieser Zeit: das Ostgotenreich (ca. 488 – 562), das Burgunderreich (443 – 534), das Thüringerreich (4. Jh. – 534), das

Langobardenreich (568 – 774) und vor allem das Frankenreich (ab ca. 500). Diese Reiche führten gegeneinander Kriege und stritten um die Vorherrschaft in Europa.

Das Reich der Franken konnte im 6. Jahrhundert die stärkste Machtposition in (West –) Europa einnehmen.

Das Frankenreich erstreckte sich vom heutigen Frankreich über Deutschland bis nach Italien.

4) Paulus.

Übungen II.

1. Füllen Sie bitte die Lücken aus!

1) Frankenreich, 800, Vater Europas.

2) Lehnsystem.

3) Vertrag von Verdun.

4) 919.

5) Die Ungarn.

6) 962, Heilige Römische Reich, Das Heilige Römische Reich Deutscher Nation.

7) Friedrich I. Barbarossa.

8) Wormser Konkordat.

9) 1254 – 1273.

10) Goldene Bulle.

11) Tannenberg.

12) 14.

13) Bremen und Hamburg.

14) Gotischer.

2. Erklären Sie bitte die Begriffe!

1) Die Lehnswesen: Der Kaiser entlohnt seine Anhänger durch ein Landgut als Geliehendes. Der Anhänger leiht den Bauern das Land weiter. Dadurch wurde die Lehnpyramide, d.h. der Grund des Feudalismus gebildet.

2) Die Kreuzzüge: Sieben mal religiöse Kriege zwischen Abendland und Morgenland, Christen und Araben vom 12. bis 14. Jahrhundert. Habgier über Eigentum und Landgewinn von den Fürsten im Abendland spielten eine wichtige Rolle.

Ergebnisse: Europäer übernahmen viele Errungenschaften von Araben. Das Handeln und die Kommunikation zwischen Abendland und Morgenland wurden stark entwickelt.

3) Der Investiturstreit zwischen Kaiser und Papst war vor allem ein Machtkampf zwischen der weltlichen Macht und der geistlichen Macht. Heinrich IV., der Kaiser des Heiligen Römischen Reiches, wollte im 11. Jahrhundert die Macht über die deutsche

Reichskirche erlangen. Er wollte bestimmen, wer als Bischof in seinem Land eingesetzt wird. Dagegen sprach sich der Papst aus, der den König nur als einen kirchlichen Laien ansah. Der Papst wollte dem Kaiser verbieten, über die Angelegenheiten der Kirche zu bestimmen. Der Papst wollte jedoch die Führung über alle Christen. Dadurch würde die Macht des Kaisers eingeschränkt werden. Der Papst erhielt dadurch ein großes Mitspracherecht über die Politik der christlichen Länder.

Der Investiturstreit dauerte bis 1122 und endete damit, dass der deutsche Kaiser auf die Investiturrechte verzichten musste. Der Papst setzte nun die Bischöfe ein. Die Bischöfe wurden zu geistlichen Reichsfürsten, wodurch die Kirche zu einem politischen Machtfaktor wurde. Die Macht des Kaisers verlor an Bedeutung.

4) Der Papst Gregor VII. vertrat die kluniazensische Reform und bestrebte sich nach der Übermacht vom Papsttum gegenüber dem Kaisertum. Die Investitur sei gleich wie Simonie, und aufzuheben. Der Kaiser Heinrichs IV. wies den Anspruch von Gregor VII. ab, und erklärte im Januar 1076 den Papst für abgesetzt. Hingegen sprach der Papst über Heinrich den Kirchenbann aus. Die rebellischen Fürsten wollten die Gelegenheit ausnutzen, den Kaiser umzustürzen. Heinrich IV. geriet in Gefahr. Um den Thron zu bewahren, zog Heinrich IV. im Winter als Büßer nach Canossa in Norditalien, um sich beim Papst zu entschuldigen. Nach drei Tagen löste der Papst am 28. Januar 1077 Heinrich vom Bann. Der Bußgang nach Canossa wurde als Symbol der Unterwerfung der weltlichen Macht gegenüber der geistlichen.

5) Die deutsche Hanse: Viele Städte machten viele Bündnisse nach dem Untergang der Kaisermacht im Spätmittelalter, um sich gegen die Überfälle der Raubritter und sonstigen Schlichter zu schützen und ihr Interesse an den Geschäften besser wahrzunehmen.

3. Beantworten Sie bitte die Fragen!

1) Salier, Karolinger, Ottonen, Staufer, Habsburger.

2) Die Marken, die Grafschaften, die Königsboten, die Pfalzen, die Schulen.

3) Karl der Große übernahm nach dem Tod seines Vaters den Nordteil des Frankenreichs (768). Nach dem Tod seines Bruders Karlmann (771) übernahm er das ganze Frankenreich. Er eroberte weitere Gebiete u. a. Sachsen, Langobardenreich, Herzogtum Bayern, verbreitete das Christentum in seinem Reich.

Der starke germanische Charakter des Reiches beförderte die Entstehung des Deutschen Reiches. Karl eroberte 800 Nord- und Mittelitalien mit Rom und dem Kirchenstaat, erhob sich am 25. Dezember in Rom zum Kaiser. Auch dadurch wird Karl für spätere Kaiser zum Ideal, und als „Vater Europas" bezeichnet. Sein Herrschaftsgebiet umfasste beinahe ganz Europa, er förderte eine christliche Kultur mit zahlreichen Klostergründungen.

Nach dem Tod Karls des Großen 814, folgte sein Sohn Ludwig. Nach Ludwig zerstritten sich seine drei Söhne. 843 wurde das Frankenreich durch den *Vertrag von Verdun* in drei Teile aufgespaltet.

4)Norddeutschland, am Rhein, Süddeutschland, das mitteldeutsche Gebiet.

5)Juden arbeiteten vor allem als Kaufleute und besaßen oft viel Geld, deswegen kam es immer zum sozialen Neid gegenüber ihnen. Weil Juden Schuld am Tod von Jesus Christus sein sollten, wurden sie auch als „Christusmörder" beschimpft. Das deutsche Reich litt im Mittelalter häufig unter Hungersnöten und schweren Krankheiten z.B. Pest. Seit dem 11. Jahrhundert wurden Juden für diese Krisen verantwortlich gemacht. Das alles führte zur Verfolgung der Juden. Sie wurden verfolgt, ermordet oder diskriminiert, auch häufig aus dem Land geworfen. Um 1500 gibt es kaum noch jüdische Gemeinden in Deutschland.

Übungen Ⅲ.

1. Füllen Sie bitte die Lücken aus!

1)Das Papier, das Schießpulver, der Buchdruck, der Kompass.

2)Ablasszettel.

3)31. Oktober 1517, 95 Thesen.

4)1524.

2. Erklären Sie bitte die Begriffe!

1)Humanismus und Renaissance.

—Neue Ideen zu den Ideen der Gelehrte im Mitteralter;

—Wendung zu Diesseits;

—Der Mensch solle in den Mittelpunkt des wissenschaftlichen und künstlichen Schaffens treten;

—Die mittelalterliche Theologie müsse entschieden bekämpft werden.

2)Die Reformation.

Die Reformation wurde durch Martin Luther ausgelöst. Luther protestierte gegen den Ablasshandel der katholischen Kirche. Er kritisierte, dass die Kirche nicht mehr genug für die Gläubigen tue, sondern vor allem ihr Geld haben wolle. Er wollte, dass die Kirche zurück zu ihren Wurzeln kehre, d.h. mehr Seelsorge betreibe. Er wollte die Kirche reformieren (deshalb Reformation).

Die Reformation war zuerst eine Glaubensvorstellung und ein intellektueller Konflikt, wurde aber bald zu einer politischen Bewegung. Zahlreiche Fürsten in Deutschland unterstützten Luther, während der deutsche Kaiser und der Papst Luther verhaften und mundtot machen wollten. Der Konflikt führte zu militärischen Auseinandersetzungen und dazu, dass Deutschland in zwei Bereiche zerfiel, in den katholischen Bereich vor allem in

Süd – und Westdeutschland, und den protestantischen in Ost – und Norddeutschland. Der Konflikt mündete schließlich im Dreißigjährigen Krieg (1618 – 1648). Am Ende des Krieges war die Glaubensspaltung in Deutschland gefestigt.

Die Reformation hat die Macht der katholischen Kirche schwer erschüttert. Zugleich führte die Reformation dazu, dass sich immer mehr Menschen mit der Bibel beschäftigten, deshalb Lesen und Schreiben lernten. Der Aufstieg des Bürgertums hat auch in der Reformation einen bedeutenden Grund.

3. Beantworten Sie bitte die Fragen!

1) 95 *Thesen* (1517), *An den christlichen Adel deutscher Nation* (1520), *Von der Babylonischen Gefangenschaft der Kirche* (1520), *Von der Freiheit eines Christenmenschen* (1520).

2) Vom Lateinischen wurde die *Bibel* von Martin Luther mit der Kanzleisprache ins Deutsche übersetzt, damit einfache Menschen auch die *Bibel* verstehen können. Die von Luther übersetzte *Bibel* galt als die Grundlage der einheitlichen deutschen Sprache.

3) Viele seine Unterstützer wollten auch gegen den Adel und die Kirche ankämpfen und ein neues politisches System einrichten. Trotzdem hatte Luther eine gemäßigte Haltung. Er wollte die katholische Kirche reformieren, aber keine Revolution. Seine Position enttäuschte auch viele Anhänger.

4) Luthers Reformation hatte großen Einfluss auf die deutsche Geschichte. Im Laufe der Reformation zerfiel Deutschland in zwei Teile, nämlich in einen katholischen Teil (mehrheitlich im Südwesten) und einen protestantischen Teil (vor allem in Mittel – und Nordostdeutschland). Die verschiedenen Konfessionen vermischten sich mit politischen Interessen des Kaisers und der Landesfürsten, was auch Konflikte, sogar viele Religionskriege verursachte. Der wichtigste Krieg war der Dreißigjährige Krieg 1618 – 1648.

Durch die Reformation wurde die Bildung eines Nationalstaates verzögert. Deutschland blieb ein politisch uneinheitliches Land.

5) Der Große Bauernkrieg war die größte Erhebung der deutschen Bauern und Stadtsarmen gegen den Feudalismius, einer der größten Bauernbewegungen in der europäischen Geschichte. Mit der Reformation zählte er zur ersten europäischen bürgerlichen Revolution. Die Bauern erreichten am Ende ihre Ziele nicht. Die Lage der Landbevölkerung verschlechterte sich immer mehr.

Übungen Ⅳ.

1. Füllen Sie bitte die Lücken aus!

1) Reichstag zu Speyer, Protestanten, Evangelische.

2) Gegenreformation.

3)Gesellschaft Jesu (Kompagnie von Jesu).

4)Der Augsburger Religionsfrieden.

5)1608, Liga.

6)Fenstersturz, 23. Mai 1618.

7)1648.

2. Erklären Sie bitte die Begriffe!

1)Die Säkularisierung.

Viele lutherische deutsche Fürsten führten in ihrem Land die Reformation durch. Ohne Erlaubnis der katholichen Kirche besetzten sie durch öffentliche Gewalt viel Reichtum und Landgut aus kirchlicher Herrschaft, was auch Säkularisierung oder Verweltlichung genannt wurde.

2)*Der Augsburger Religionsfrieden.*

Nach langjährigen konfessionellen Kämpfen zwischen dem Kaiser und den Fürsten wurde 1555 *der Augsburger Religionsfrieden* abgeschlossen.

Die wichtigen Bestimmungen waren: Die lutherische und katholische Fürsten und Reichsstädte waren gleichberechtigt. Die Untertanen mussten das Bekenntniss des Landersherrn annehmen. Wer regierte, bestimmte die Religion der Bevölkerung („Wessen das Land, dessen der Glaube "). Die protestantischen Landesherren durften die eingezogenen Kirchengüter behalten. Geistliche Fürsten, die zum Luthertum übertraten, verloren Amt und Besitz.

Die konfessionellen Kämpfe wurden auf Zeit beigelegt, aber in Deutschland blieb die religiöse Spaltung weiter.

3. Beantworten Sie bitte die Fragen!

1) Dänemark, Schweden und Frankreich.

2) Nach dem Augsburger Religionsfrieden von 1555 wurde die Gleichberechtigung der Bekenntnisse aufrechterhalten.

Die Fürsten erhielten die volle Selbständigkeit in ihren Territorien. Einige Fürsten bekamen durch den Krieg noch mehrGebiete.

Der Dreißigjährige Krieg war für Deutschland eine große Katastrophe. 1/3 der deutschen Bevölkerung starb im Krieg. Ganze Landstriche wurden verwüstet, Städte und Dörfer wurden zerstört.

Der Krieg kostete den Fürsten viel Geld. Sie liehen sich dieses Geld bei privaten Geldgebern. Diese privaten Geldgeber (z.B. die Familie Fugger) kamen zumeist aus dem Bürgertum, dieser Teil des Bürgertums (sogenanntes Finanz – oder Geldbürgertum) erhielt dadurch starken Einfluss auf die Politik und gewann an Bedeutung.

Übungen Ⅴ.

1. Füllen Sie bitte die Lücken aus!

1) 17., 18., England, Frankreich, Deutschland.

2) Ludwig XIV.

3) Pragmatische Sanktion.

4) Brandenburg, Preußen.

5) Brandenburg.

6) Hohenzollern.

7) 18. Januar 1701.

8) Soldatenkönig.

9) Aufgeklärten.

10) Schlesischen, Maria Theresia.

11) Siebenjähriger.

12) Habsburgern, Preußen.

2. Erklären Sie bitte die Begriffe!

1) Die Stände waren die Versammlung von Adligen, Geistlichen (Bischöfe, Äbte u.a.) sowie reichen Bürgern, hatten in der Vergangenheit großen Einfluss auf die Politik eines Einzelstaates (etwa in Preußen, Bayern oder Sachsen).

2) Der Absolutismus.

Die Regierung soll zentral geführt werden. Über alle Angelegenheiten z.B. Steuern, Verkehrswesen, Militär, Wirtschaft u. a, sollen der Herrscher und seine Minister die Kontrolle haben. Der Aufbau eines stehenden Heeres und vor allem einer zentral geleiteten Bürokratie war das Hauptmerkmal des Absolutismus.

3) Der aufgeklärte Absolutismus.

Im Sinne der Aufklärung sorgten manche Herrscher wie z.B. der preußische König Friedrich II. und der Kaiser Joseph II. einigermaßen für ihre Bürger. Sie stellten die Interessen des absolutistischen Staates im Vordergrund. Diese Herrschaftsform wurde als der aufgeklärte Absolutismus genannt.

3. Beantworten Sie bitte die Fragen!

1) Der Mensch unterscheidet sich vom Tier durch seine Vernunft, er kann vernünftig denken und danach handeln, das Tier folgt nur seinen Instinkten (Trieben).

Die Vernunft kann fast alles erklären (Naturerscheinungen; Politik; Moral usw.)

Nur die Vernunft kann zu einem guten Leben führen. Die Religion ist wichtig, aber allein auf Gott kann man sich nicht verlassen. Gott hat den Menschen mit der Vernunft ausgestattet, also muss der Mensch seine Vernunft gebrauchen.

Der Mensch kann durch die richtige Erziehung zu einem guten (vernünftigen) Menschen werden.

Der Mensch ist von Natur aus gleich. Jeder hat die gleichen Rechte und Pflichten.

Der Mensch kann selbständig werden, weil er allein mit seiner Vernunft zu den richtigen Antworten kommen kann.

2) In England: David Hume, John Locke, Thomas Hobbes, Edmund Burke.

In Frankreich: René Descartes, Voltaire, Jean – Jacques Rousseau, Denis Diderot, Charles de Montesquieu, Michel de Montaigne.

In Deutschland: Immanuel Kant, Friedrich Schiller, Gottfried Wilhelm Leibniz, Christian Wolff, Gotthold Ephraim Lessing.

In Europa: Baruch Spinoza.

3) Maria Theresias Reform:

Sie berief einen gemeinsamen Staatsrat, richtete gemeinsame Ministerien ein und teilte das ganze Staatsgebiet in Bezirke ein.

Sie verbesserte die Steuergesetze, setzte zentrale Steuern, führte jeweils die Einkommens –, Erbschafts – und Kopfsteuer ein, die auch die Adligen zahlen mussten.

Sie bestrebte immer, die Leibeigenschaft zu beseitigen, schaffte auf Domänen die Leibeigenschaft ab, und verwandelte die Frondienste in Geldleistungen.

Eine Schulordnung für das gesamte Reich erarbeitet. Die Industrie, die Manufakturen wurden gefördert.

Kaisers Joseph II. Reform:

Er führte die deutsche Sprache als Amtssprache bei allen Völkern ein, hob die Erbuntertänigkeit auf und berechtigte den Bauern, ihren Wohnsitz und ihre Arbeit zu wechseln.

Er beschränkte die Vorrechte der Kirche, führte die Religionsfreiheit und Schulpflicht ein.

Er verbesserte die Rechtsstellung der Juden und sorgte für Schwache und Kranke.

Er vergrößerte das Reich um Gebiete aus polnischem und türkischem Besitz. Österreich wurde eine Großmacht Europas.

4) Erster Schlesischer Krieg 1740 – 1742, zweiter 1744 – 1745, dritter oder Siebenjähriger Krieg 1756 – 1763.

Nach dem Tod der Zarin Elisabeth im Jahr 1762 schloss der neue russische Zar Peter III. mit Preußen Frieden. Am 15. Februar 1763 kam es schließlich zum Frieden von Hubertusburg. Preußen konnte seine Macht behaupten und wurde endgültig zu einer Großmacht.

Übungen VI.

1. Füllen Sie bitte die Lücken aus!

1) Sturm auf die Bastille.

2）1804，Code Napoleon.

3）Mainzer Republik.

4）Rheinbund.

5）6. August 1806.

6）Frieden von Tilsit.

7）Oktoberedikt.

8）Russland.

9）Völkerschlacht bei Leipzig.

10）Herrschaft der 100 Tage.

2. Erklären Sie bitte den Begriff!

Der Rheinbund: eine Vereinigung von 16 verschiedenen deutschen Einzelstaaten einschließlich Bayern, Württemberg u. ä. mit Frankreich, die am 12. Juli 1806 in Paris gegründet wurde. Unter Napoleons Protektorat halfen die deutschen Mitgliedstaaten Frankreich dabei, den Krieg gegen Preußen, Österreich, England und Russland fortzusetzen. Bis 1811 schlossen sich mit Ausnahme Preußens und Österreichs alle anderen deutschen Staaten dem Bund an. Nach der Völkerschlacht bei Leipzig 1813 löste sich der Rheinbund auf.

3. Beantworten Sie bitte die Fragen!

1）Freiherr vom und zum Stein, Freiherr von Hardenberg, Gerhard David von Scharnhorst, Neidhardt von Gneisenau und Karl von Clausewitz usw. .

2）Freiherrn vom Stein erließ am 9. Oktober 1807 das *Oktoberedikt*. Es bestimmte, dass es nach dem 11. November 1810 in Preußen keine Erbuntertanen, Leibeigenen, mehr gebe, sondern nur freie Bauern und Häusler. Die Abgaben und Frondienste sollten später auch aufgehoben werden.

Übungen Ⅷ.

1. Füllen Sie bitte die Lücken aus!

1）Wiener Kongress.

2）Schwarz – Rot – Gold, Freiheit, Ehre und Vaterland.

3）Karlsbader Beschlüsse.

4）Hambacher Fest.

5）Märzrevolution.

6）Frankfurter Nationalversammlung, Paulskirchenparlament .

2. Erklären Sie bitte die Begriffe!

1）Deutscher Bund:

Statt die erhoffte Einheitin Deutschland nach Napoleons Niederlage zu verwirklichen, wurde der Deutsche Bund am 8. Juni 1815 geschaffen. Unter Vorsitz von Österreich umfasste dieses lose Gebilde 39 Einzelstaaten. Der Bundestag in Frankfurt am Main stand an der Spitze. Die „Unabhängigkeit und Unverletzbarkeit" der einzelnen Staaten waren durch die Bundesakte garantiert. Österreich und Preußen rangen um die Vormachtstellung im Bund. Der Deutsche Bund existierte mit Unterbrechung von 1848 bis 1850 bis zum Jahr 1866.

2) Heilige Allianz:

Am 26. September 1815 schlossen sich Preußen, Österreich, Russland in Paris unter Leitung des russischen Zaren Alexanders Ⅰ. zur Heiligen Allianz zusammen. Danach traten fast alle europäischen Monarchen, mit Ausnahme Englands, der Türkei und des Kirchenstaates in den Bund ein. Durch diese Allianz sollten die Restauration der feudal – absolutistischen Ordnung verwirklicht werden, liberale Gedanken (z. B. Verfassung, Bürger – und Menschenrechte, Parlament usw.), und neue revolutionäre Volksbewegungen gemeinsam verhindert werden.

3) Vormärz:

Die Jahre zwischen 1815 – 1848, die die Gärungszeit zur bürgerlichen Revolution waren. Der Vormärz ist gekennzeichnet durch äußeren Frieden und gewaltsam erzwungene innere Ruhe, durch Zersplitterung Deutschlands in zeitweise 39 Einzelstaaten, durch eine reaktionäre Knebelung aller nationalen und liberalen Bewegungen im metternichschen System, dessen tragende Kräfte in den nationalen und liberalen Ideen und Forderungen Anzeichen der Auflösung und der Zerstörung der alten Ordnung sahen.

4) Der Liberalismus:

Eine Bezeichnung einer weltanschaulichen Richtung, in der der einzelne Mensch und sein Recht auf Freiheit im Vordergrund stehen. Es ist die Weltanschauung des aufstrebenden Bürgertums, das sich gegenüber den Vorrechten der bevorzugten Stände des Adels und der Geistlichkeit und gegenüber der Allmacht des absolutistischen Staates zu behaupten begann. Der Liberalismus tritt für freie wirtschaftliche Betätigung des einzelnen Unternehmers ein und fordert die Abschaffung des Zunftssystems und der Zollschranken. Wichtige liberale Forderungen sind Gewaltenteilung, Rechtsstaat und Pressefreiheit.

3. Beantworten Sie bitte die Fragen!

1) Nach dem Krieg gegen Napoleon und der Niederlage Frankreichs 1815 hatte das deutsche Bürgertum gehofft, dass sich die Zustände in Deutschland ändern würden. Diese Erwartung wurde jedoch nicht erfüllt. Der Wiener Kongress verhinderte die Partizipation des Bürgertums. Den Herrschern ging es darum, durch die Restauration Europa wieder so herzustellen, wie es vor Napoleon gewesen war.

Auf dem Wartburgfest (1817) und auf dem Hambacher Fest (1832) forderten deshalb zahlreiche enttäuschte Bürger Deutschlands mehr politische Mitspracherechte. Sie wollten vor allem eine Verfassung sowie Presse – und Meinungsfreiheit. Außerdem wünschten sie sich, dass Deutschland endlich zu einem geeinten Nationalstaat werde. Das Wartburgfest und das Hambacher Fest waren ein Zeichen für die wachsende politische Bedeutung des Bürgertums in Deutschland. Die Feste waren ein Vorzeichen für die Bürgerliche Revolution 1848/1949.

2）Wegen der Niederlage der bürgerlichen Revolution 1848/1949 gingen die errungenen demokratischen Rechte verloren. Die feudalen Verhältnisse wurden jedoch geschwächt, während die demokratischen Kräfte vorangetrieben wurden. Der Adel ergriff wieder die Alleinherrschaft, das Bürgertum zog sich auf Zeit aus der Politik zurück, wandte sich wirtschaftlichen Interessen zu, und förderte die industrielle Entwicklung. Die Frankfurter Nationalversammlung und die Verfassung von 1848 galten jeweils als wichtige Vorbereitung und das Muster für die spätere demokratische Entwicklung des 20. Jahrhunderts in Deutschland.

Übungen Ⅷ.

1. Füllen Sie bitte die Lücken aus!

1）England.

2）1850.

3）Deutschen Zollvereins.

4）Das Manifest der Kommunistischen Partei.

5）Aufstand der schlesischen Weber.

6）Der Allgemeine Deutsche Arbeiterverein.

2. Erklären Sie bitte die Begriffe!

Die soziale Frage：Geprägte Bezeichnung für die Gesamtheit der sozialen Probleme im 19. Jahrhundert, unter denen die Arbeiterfamilien durch die industrielle Revolution litten. Der sozialen Frage galt, zumal nach dem Entstehen der Arbeiterbewegung, in der 2. Hälfte des 19. Jahrhunderts auch das Interesse des liberalen Bürgertums und der Kirchen.

3. Beantworten Sie bitte die Fragen!

1）Deutschland war noch politisch in viele Einzelstaaten zersplittert, was den Binnenhandel behinderte. In Deutschland fehlte ein selbstbewusstes und finanzstarkes Bürgertum. In vielen deutschen Staaten bestanden noch viele Beschränkungen der Gewerbe – und Bewegungsfreiheit wie z.B. die Zunftwesen und Feudalordnung.

2）Die Industrialisierung hatte für viele Menschen jedoch die folgenden Folgen：

Durch die Überbevölkerung und das Überangebot an Arbeitern konnten die Fabrikbesitzer die Löhne stark senken und die Arbeitszeiten stark erhöhen.

Um eine Familie zu ernähren, mussten auch die Frauen und Kinder arbeiten gehen. Ihre Arbeit war immer schlecht bezahlt.

Weil die Kinder so viel arbeiten mussten, konnten sie keine Schule besuchen und keine Bildung erwerben, damit später auch nicht in der Gesellschaft aufsteigen.

Die schlechte Bezahlung und die hohen Preise für Miete und Nahrungsmittel sorgten dafür, dass die Menschen sich nur schlecht ernähren können und es viele Krankheiten gab, die Hygiene in den Arbeitsumgebungen war häufig schlecht.

Wenn der Haupternährer der Familie, zumeist der Vater sich verletzte oder starb, war auch die Familie ruiniert, weil sie nicht mehr genug Geld verdienen konnten.

3) Karl Marx (1818 – 1883) und Friedrich Engels (1820 – 1895).

Übungen Ⅸ.

1. Füllen Sie bitte die Lücken aus!

1) Otto von Bismarck.

2) Siebenwöchigen Krieg.

3) Doppelmonarchie.

4) Blut und Eisen, 18. Januar 1871.

5) Pariser Kommune.

6) Das Deutsche Reich (Deutschland).

7) Wilhelm II.

8) Jiaozhou, Qingdao.

2. Erklären Sie bitte den Begriff!

1) Die Kleindeutsche Lösung:

Während der bürgerlichen Revolution 1848/1849 forderte das Bürgertum, endlich die Einheit Deutschlands herzustellen. Zu den Fragen, wie dieses geeinte Deutschland aussehen sollte, welche Grenzen es haben würde und welche politische Führung, kamen zwei Möglichkeiten: die Großdeutsche Lösung wäre Deutschland zusammen mit Österreich unter einem Habsburger Kaiser (damit Führungsrolle Österreichs in Deutschland). Oder die Kleindeutsche Lösung ohne Österreich unter einem Kaiser der Hohenzollern (damit Führungsrolle Preußens). Die Abgeordneten entschieden sich 1849 für die Kleindeutsche Lösung, die jedoch nicht umgesetzt wurde. Erst 1871 wurde Deutschland „von oben", d. h. durch Bismarck und den preußischen König geeint. Dabei wurde die Kleindeutsche Lösung übernommen. Österreich war damit kein Teil von Deutschland mehr.

2) Norddeutscher Bund:

Anstelle des Deutschen Bundes wurde der Norddeutsche Bund durch Bismarck unter Ausschluss Österreichs am 18. August 1866 geschlossen. Unter Führung von Preußen bestand der aus 17 norddeutschen Kleinstaaten. Nach dem Friedensvertrag traten das Großherzogtum Hessen, das Königreich Sachsen, das Fürstentum Reuß ältere Linie und das Herzogtum Sachsen – Meiningen bei. Die am 17. April 1867 verkündete Verfassung trat am 1. Juli 1867 in Kraft. Die liberalen und föderalistischen Elemente des Norddeutschen Bundes waren ein Entgegenkommen an die süddeutschen Staaten. Seine Tendenz diente zur Absicherung der preußischen Hegemonie, und zum Ausdruck der Reichsgründung „ von oben ". Zu Beginn des Deutsch – Französischen Krieges 1870/1871 schlossen sich die süddeutschen Staaten an.

3)Der Kulturkampf:

Eine Reihe von Kampfmaßnahmen von Bismarck zum Verbot kirchlichen Lebens im Reich, um die Macht der Kirche zu beschneiden und gegen die neugegründete Partei, das Zentrum, die Partei des politischen Katholizismus vorzugehen. Trotzdem wuchs das Zentrum seit 1871 schnell und gewann mehr Sitze im Reichstag. Schließlich musste Bismarck sich mit der Kirche versöhnen.

4)Die Sozialistengesetze:

Das von Bismarck vom 21. Oktober 1878 durchgesetzte Ausnahmegesetz nach den Attentaten auf Kaiser Wilhelm I. gegen die „ gemeingefährlichen Bestrebungen " der deutschen Sozialdemokratie. Es wurde auf $2^{1/2}$ Jahre befristet, bis 1890 mehrmals verlängert. Es ermächtigte die Polizei zur Auflösung aller sozialdemokratischen, sozialistischen und kommunistischen Vereine, zur Ausweisung von Propagandisten und zur Beschlagnahmung ihrer Schriften.

3. Beantworten Sie bitte die Fragen!

1)Deutsch – Dänischer Krieg 1864, Preußisch – Österreichischer Krieg 1866, Deutsch – Französischer Krieg 1870/1871.

2) Es gelang Bismarck, 1873 ein Dreikaiserabkommen zwischen Russland, Deutschland und Österreich zustande zu bringen.

Wegen der Balkankrise zwischen Rssland und Österreich – Ungarn bot Bismarck seine Vermittelung an, leitete am 13. Juni 1878 die Verhandlung auf dem Berliner Kongress, und ordnete dadurch die neuen Verhältnisse auf der Balkanhalbinsel.

1879 schloss Bismarck mit Österreich – Ungarn den Zweibund. Beide Seiten versprachen, sich gegenseitig zu unterstützen, falls eine von ihnen durch Russland angegriffen würde. Wegen des Gegensatzes zu Frankreich um Tunis trat Italien am 20. Mai 1882 in Wien in den Bund ein. Da kam es zum Dreibund.

Am 18. Juni 1887 gelang es Bismarck, ein geheimes Neutralitätsabkommen, den sogenannten *Rückversicherungsvertrag* mit Russland zu schließen. Die beiden Staaten garantierten sich die Neutralität, falls Deutschland von Frankreich oder Russland von Österreich – Ungarn angegriffen würde.

Am 16. Dezember 1887 brachte Bismarck Mittelmeerentente zwischen Deutschland mit England und Italien zustande. Durch ihre Abkommen wurde die Aufrechterhaltung der Besitzverhältnisse am Mittelmeer gesichert.

3)Hervorragende Politiker, z.B. …; Treuer Diener des Junkertums, z.B. … .

Übungen X.

1. Füllen Sie bitte die Lücken aus!

1) Tripel Entente, Dreibund.

2) 28. Juni 1914.

3) Russland, Frankreich.

4) Materialschlacht.

5) 7. November 1917, Oktoberrevolution, Sowjetunion.

6) 1918.

7) Matrosenaufstand, Generalstreik, 9. November 1918, Novemberrevolution, Weimarer Republik.

8) Waffenstillstandsabkommen von Compiègne.

9) Friedrich Ebert.

10) Weimar.

11) Pariser Friedenskonferenz, Versailler Vertrag.

12) Kommunistische Partei Deutschlands (KPD), KarlLiebknecht.

2. Erklären Sie bitte den Begriff!

Der Mord von Sarajewo:

Am 28. Juni 1914 wurde in Sarajewo von Serbien der österreichische Thronfolger Franz Ferdinand von einem serbischen Nationalisten ermordet. Österreich erklärte am 28. Juni 1914 Serbien den Krieg, nachdem Österreich die volle Unterstützung des Deutschen Kaiserreiches erhalten hatte.

3. Beantworten Sie bitte die Fragen!

1) Nach dem Mord von Sarajewo erklärte Österreich am 28. Juni 1914 Serbien den Krieg. Serbien wurde von Russland geschützt, deshalb mobilisierte Russland seine Armee am 29. Juli 1914. Deutschland erklärte am 1. August Russland und am 3. August Frankreich den Krieg. Am 4. August erklärte England Deutschland den Krieg. Der Erste Weltkrieg begann.

2) Weil der Krieg so viele Menschenleben kostete, nennt man den Ersten Weltkrieg auch die europäische Urkatastrophe. Insgesamt starben über 10 Millionen Soldaten.

Deutschland und Österreich – Ungarn wurden zur Republik. Österreich verlor Ungarn und viele andere Gebiete. In Russland hatten die Bolschewisten die Sowjetunion gegründet.

Deutschland war wirtschaftlich enorm geschwächt und musste hohe Summe Reparation und Material an die Sieger abgeben.

Frankreich und England waren durch den langen Krieg ebenfalls stark geschwächt und hatten Schulden bei den USA.

Die USA und Japan waren die eigentlichen Gewinner des Krieges. Sie hatten nur wenige Soldaten geschickt, den Krieg aber durch Material unterstützt und dadurch

Einfluss und Geld gewonnen. Die USA wurden nun zur Weltmacht, Europa verlor an Bedeutung.

Deutschland fühlte sich ungerecht behandelt. Für viele Menschen war die Niederlage eine Schande. Sie wollten durch einen neuen Krieg wieder zur Weltmacht werden.

3)1918 wurde die Versorgung im Krieg immer schlechter. In Deutschland herrschte überall die Antikriegstimmung. Am 29. Oktober brach der Matrosenaufstand in Kiel aus. Die Arbeiter in Kiel traten in den Generalstreik.

Die revolutionäre Welle verbreitete sich von Norddeutschland bald in alle größeren Städte. Am 9. November 1918 traten die Berliner Arbeiter in den Generalstreik. Unter dem Druck dankte der Kaiser ab. Die Monarchie wurde in Deutschland abgeschafft.

Auch am gleichen Tag wurde der „Rat der Volksbeauftragten" gebildet, und galt als neue Regierung. Friedrich Ebert, der Vorsitzender der Mehrheits – SPD wurde zum Reichskanzler ernannt.

Vom 16. bis zum 20. Dezember 1918 wurde der erste Reichskongress der Arbeiter – und Soldatenräte in Berlin veranstaltet.

Am 19. Januar 1919 wurde die Nationalversammlung ausgewählt.

Am 11. Februar wählte die Nationalversammlung Friedrich Ebert zum Reichspräsidenten. Die Minister der ersten Regierung stammten von der SPD, DDP und dem Zentrum, unter der Leitung von Philipp Scheidemann, dem Reichsministerpräsidenten.

Am 31. Juli beschloss die Nationalversammlung in Weimar eine neue Verfassung, die am 11. August in Kraft trat. Am 9. November 1919 wurde schließlich die Republik ausgerufen, die nun Weimarer Republik hieß. Deutschland wurde zu einem demokratischen Staat.

Übungen XI.

1. Füllen Sie bitte die Lücken aus!

1)Dawesplan.

2)1929, Wirtschaftskrise, Schwarzer Freitag.

3)Französische, belgische.

4)Großen Koalition.

5)Generalstreik.

6)Adolf Hitler, Bieraufstand.

7)NSDAP.

8)Hitler, Reichskanzler.

2. Erklären Sie bitte die Begriffe!

1)Die goldenen 20er Jahre:

Von 1924 bis 1929 waren die Lebensverhältnisse der Bevölkerung im Vergleich zu den

Elendsjahren 1923 – 1924 besser geworden. Insgesamt kam der Kapitalimus in die relative Stabilisierung. Die Jahre wurden als die „goldenen zwanziger Jahre" bezeichnet.

2) Der Staat im Staate:

Viele Soldaten wurden nach dem Krieg arbeitslos und konnten nur schwer zurück in die Gesellschaft, sie wurden unzufrieden und traten den Republikgegnern bei. Auch zahlreiche Berufsheer blieben in kühler Distanz zur Republik. Die selbständige Haltung der Reichswehr wurde immer durch die Regierung gedulet. Sie wurde schließlich als ein „Staat im Staate" bezeichnet.

3) Die Dolchstoßlegnde:

Nach dem Ersten Weltkrieg verbreitete sich die These, dass Teile der deutschen Heimatbevölkerung, besonders aber Gruppen der sozialistischen Linken oder sogar die ganze Sozialdemokratie, durch ihre revolutionäre Tätigkeit das „ im Felde unbesiegte" deutsche Heer „von hinten erdolcht" und dadurch den Zusammenbruch Deutschlands verschuldet hätten. Die Dolchstoßlegende entwickelte sich schon 1919 zur Kampfparole der politischen Rechten. Obwohl die bald durch Untersuchungen (Dolchstoßprozess 1925) entkräftet wurde, wurde sie propagandistisch von den Nationalsozialisten gegen die Weimarer Republik und ihre Regierungen gebraucht. In der Forschung gilt die Dolchstoßlegende als widerlegt.

Die Dolchstoßlegende schwächte die Autorität der Weimarer Republik sehr stark und trug auch dazu bei, dass 1933 Hitler an die Macht kommen konnte. Hitler hat die Dolchstoßlegende benutzt, um seine politischen Gegner zu schwächen.

4) Republik ohne Republikaner:

Um die Stabilität der Republik zu sichern, wurde auch die Justiz und das Militär der Kaiserzeit übernommen, deshalb gab es in der Justiz und im Militär kaum Republikfreunde. Dies alles hatte die „Republik ohne Republikaner" als Folge.

3. Beantworten Sie bitte die Fragen!

1) Der Kapp – Putsch 1920, die Ruhrbesetzung 1923, die Separatistische Bestrebungen im Rheinland 1923, die Arbeiterbewegung von KPD und SPD 1923, Hitler – Putsch 1923, usw.

2) Am 16. April 1922 wurde der *Rapallovertrag* zwischen Deutschland und Sowjetunion geschlossen, dadurch die diplomatischen Beziehungen zwischen den beiden Staaten aufgenommen wurden.

Am 16. Oktober 1925 schlossen Deutschland, Frankreich, Belgien, England, Italien, Polen und der Tschechoslowakei den *Locarnopakt*. Deutschland, Frankreich, Belgien verpflichteten sich, keinen Krieg gegeneinander zu führen.

Am 24. April 1926 unterzeichneten Deutschland und die Sowjetunion in Berlin den Freundschafts – und Neutralitätsvertrag. Es war Deutschland gelungen, die Gleichgewichtspolitik zwischen dem West und Ost durchzusetzen.

Am 8. September 1926 wurde Deutschland in den Völkerbund aufgenommen. Es erhielt einen ständigen Sitz im Völkerbundsrat, was den Beginn der Aussöhnung mit den Siegmächten und das Wiedererstarken des deutschen Imperialismus symbolisierte.

Übungen XII.

1. Füllen Sie bitte die Lücken aus!

1) Reichstagsgebäude, Ernst Thälmann.

2) Deutsche Arbeitsfront (DAF), SPD, NSDAP.

3) Hitler, Führer und Reichskanzler.

4) Vierjahresprogramm.

5) 1938.

6) Olympischen Spielen.

7) Münchner Abkommen.

2. Erklären Sie bitte die Begriffe!

1) Das Ermächtigungsgesetz:

Das Ermächtigungsgesetz, das den Grundsatz der Gewaltenteilung durchbricht, und besonders in Kriegs – und Notzeiten erlassen wird, ermächtigt die Regierung, gesetzvertretende Verordnungen, nämlich die Gesetze oder Verordnungen mit Gesetzeskraft zu erlassen.

2) Die Gleichschaltung:

Das Politisches Schlagwort Gleichschaltung aus der nationalsozialistischen Machtergreifung, bezeichnet die Aufhebung des Pluralismus auf allen Ebenen des öffentlichen Lebens zugunsten der nationalsozialistischen Politik und Ideologie.

Nach Hitlers Machtergreifung am 30. Januar 1933 bemühte sich die NSDAP darum, den gesamten Staat unter ihre Kontrolle zu bringen. Vereine, Organisationen, Medien und Institutionen mussten sich nun der Kontrolle der NSDAP unterwerfen. Das öffentliche, aber auch das private Leben in Deutschland wurde gleichgeschaltet. Kein Verein, keine Zeitung, keine Organisation sollte eine andere Meinung als die der NSDAP vertreten. Andere Parteien (z. B. SPD, KPD, Zentrum) wurden verboten. Die Gleichschaltung bedeutet deshalb auch, dass die Meinungsfreiheit sehr stark eingeschränkt und schließlich verboten wurde.

3) Der Nationalismus:

Der Nationalsozialismus ist eine deutsche Variante des Faschismus, der in Italien durch Mussolini geschaffen wurde, deren Kennzeichen das Elitedenken und das autoritäre Gesellschaftsbild, die antidemokratische und militaristische Einstellung, der Antikommunismus und der Antisemitismus sind.

4)Die Appeasement – Politik:

Das Appeasement bedeutet die Beruhigung, Beschwichtigung. Appeasement – Politik ist insbesondere die Bezeichnung für die von der britischen Regierung 1933 verfolgte Politik des Ausgleichs mit dem nationalsozialistischen Deutschland. Man suchte einen diplomatischen Ausgleich mit Nazi – Deutschland. Die Appeasement – Politik führte dazu, dass Deutschland lange Zeit keine politischen Grenzen gesetzt wurde und Hitler sich immer mehr herausnehmen konnte (Aufbau der Armee, Besetzung des Rheinlandes). Mit der Appeasement – Politik stärkten die Westmächte unfreiwillig Nazi – Deutschland.

3. Beantworten Sie bitte die Fragen!

1)Die Nazis wollten zudem einen neuen Krieg beginnen, um wieder zur alten Größe zu gelangen oder sogar die Vorherrschaft über Europa zu erlangen. Davor musste die Revision des Versailler Vertrages erreicht werden und nicht vom Ausland kontrolliert werden. Um dieses Ziel zu erreichen, ging Hitler sehr dreist vor.

Am 14. Oktober 1933 trat Hitlerdeutschland aus dem Völkerbund, um sich der internaltionalen Kontrolle zu entziehen. 1935 gliederte Hitler durch die Abstimmung der Saarbevölkerung Saarland wieder ins Reich ein. Am 7. März 1936 besetzte er erneut das deutsche Rheinland, das seit 1919 von den Franzosen kontrolliert wurde. Am 12. März 1938 nektierte Hitlerdeutschland Österreich an, und am 29. September beanspruchte es durch das Münchner Abkommen Teile von der Tschechoslowakei.

2) Deutschland schloss im Oktober 1936 mit Italien einen Bündnisvertrag, im November mit Japan den *Antikominternpakt*, am 22. Mai 1939 ein militärisches Abkommen, den *Stahlpakt* ab. Ein *Nichtangriffspakt zwischen Deutschland und der Sowjetunion*, auch der sogenannte *Hitler – Stalin – Pakt* wurde am August 1939 abgeschlossen. Am 27. September 1940 schloss sich dem militärischen Bündnis zwischen Deutschland und Italien an. Die faschistische „Achse" wurde gebildet.

Übungen XIII.

1. Füllen Sie bitte die Lücken aus!

1)1. September 1939, Polen, 3. September.

2)Blitzkrieg.

3)Ungarn, Rumänien und Bulgarien.

4)Nichtangriffspakt, Polen.

5)Winston Churchill.

6)UdSSR/Sowjetunion.

7)Schlacht vor Moskau.

8)7. Dezember 1941, USA.

9）Schlacht von Stalingrad.

10）Italien.

11）1944，Normandie，die zweite Front.

12）Ardenen.

13）Sowjetischen，Elbe.

14）8. Mai 1945，Japan.

2. Beantworten Sie bitte die Fragen!

1）Die Konferenz in Moskau：Vom 29. September bis 1. Oktober 1941 fand eine Konferenz der UdSSR，England，der USA in Moskau statt. Die Maßnahmen zur Organisation gegen den Faschismus wurden festgelegt.

Die Konferenz in Teheran：Vom 28. November bis 1. Dezember 1943 kamen Josef Stalin，Winston Churchill und Franklin Roosevelt，die Führenden der „ Anti - Hitler - Koalition" in Teheran zur Konferenz. Da wurde über die weitere Kriegsführung gegen den Faschismus und über die Behandlung Hitlerdeutschlands nach der Zerschlagung des deutschen Faschismus diskutiert.

Die Konferenz in Jalta：Vom 4. bis 11. Februar 1945 kamen die drei Chefs wieder in Jalta auf der Krim zusammen. Die Gestalt Deutschlands nach dem Krieg wurde festgelegt.

Die Konferenz in Potsdam：Vom 17. Juli bis 2. August 1945 trafen Stalin，Churchill und Harry Truman in Potsdam zusammen. Durch das Potsdamer Abkommen drängten die Westmächte Japan，bedingungslos zu kapitulieren.

2）Durch den Zweiten Weltkrieg starben ca. 60 Millionen Menschen.

Durch den Krieg waren in Deutschland die meisten Städte schwer zerstört worden. Viele Deutsche mussten aus den ehemaligen Ostgebieten flüchten. Durch die Zerstörung und die vielen Flüchtlinge hatte Deutschland ein großes Problem，genug Wohnraum bereitzustellen und Arbeit zu geben.

Bestrafung und Sühne der am Krieg Schuldigen war eines der ersten Kriegsziele der Alliierten. Die Deutschen waren nach alliierter Auffassung eine ständige Bedrohung für ihre Nachbarn. Deutschland wurde nach dem Krieg von den vier Siegermächten，den USA，Großbritannien，der UdSSR und Frankreich besetzt und in vier Besatzungszonen eingeteilt，damit nie wieder ein Krieg von Deutschland ausgehen sollte.

Durch die Nürnberger Prozesse wurden 22 hohe Nazis angeklagt. Sie sollten die Verantwortung dafür übernehmen，dass fast 6 Millionen Juden und viele andere Menschen von den Nazis umgebracht worden waren und dass Deutschland einen grausamen Krieg geführt hatte.

Nach dem Ende des Krieges deutete sich bereits der nächste Konflikt zwischen den Westmächten und der UdSSR an.

Übungen ⅩⅣ.

1. Füllen Sie bitte die Lücken aus!

1) Den USA, England, Frankreich und der Sowjetunion/UdSSR.

2) 1946, den Eisenen Vorhang.

3) 1946, Sozialistischen Einheitspartei Deutschlands (SED).

4) 1947, Truman Doktrin.

5) 1947, Marshallplan.

6) Der Molotov – Plan.

7) 1947, Bizone.

8) Berlin, Berlin.

9) Rat für Gegenseitige Wirtschaftshilfe, RGW.

10) 23. Mai 1949, die Bundesrepublik Deutschland, Konrad Adenauer.

11) 7. Oktober 1949, Deutsche Demokratische Republik, Walter Ulbricht.

12) 1950, Wirtschaftswunder.

13) 1970, Willy Brandt, Friedensnobelpreis.

14) Koalition der Mitte, Helmut Kohl.

15) 1989, Zehn – Punkte – Programm, Euro.

16) Sowjetischen.

17) Warschauer.

18) UNO.

19) 9. November 1989, Berliner Mauer.

20) 2. Oktober 1990, 3. Oktober.

2. Erklären Sie bitte die Begriffe!

1) Die Fluchtwelle:

Weil die Leute mit der Situation in der DDR unzufrieden waren, flüchteten bis 1961 insgesamt 3 Millionen Menschen, vor allem Akademiker und gut ausgebildete Fachkräfte in die BRD.

2) Berliner Mauer:

Gegen die Fluchtwelle der DDR – Bürger nach Westen ließ am 13. August 1961 die DDR – Regierung einen „antifaschistischen Schutzwall" in Berlin errichten und die Grenze zur BRD durch Zäune und Soldaten sichern. Niemand durfte ohne offizielle Erlaubnis die DDR verlassen. Wer flüchten wollte, riskierte sein Leben, weil die Soldaten an der Grenze die Erlaubnis hatten, auf Flüchtlinge zu schießen.

3. Beantworten Sie bitte die Fragen!

1) Die Drei W – Politik bedeutet die Westintegration, die Wiederbewaffnung und der Wiederaufbau.

Konrad Adenauer versuchte, die BRD stark an den Westen zu binden und schnell die Souveränität des Landes zurückzugewinnen. Durch den Deutschland – Vertrag am 26. Mai 1952 hatte die BRD bereits die volle staatliche Souveränität zurückerhalten.

Ab 1953 wurde wieder eine Armee in der BRD eingerichtet. Am 5. Mai 1955 trat die BRD der NATO bei, ab 1956 führte sie die allgemeine Wehrpflicht ein. Die BRD beteiligte sich am 23. Mai 1957 an der EG und bemühte sich erfolgreich, die sogenannte alte „Erbfeindschaften" mit Frankreich und Großbritannien abzubauen.

Die USA entwickelten den Marshall – Plan, durch den Europa und vor allem Deutschland viel Geld erhielten, um das Land wiederaufzubauen. Vor allem dank dieser Hilfe wuchs die deutsche Wirtschaft sehr schnell. In den 1950er Jahren wurde schließlich vom „Wirtschaftswunder" gesprochen. Die BRD wurde zu einem Wohlfahrtsstaat.

2) Seit 1969 bemühte sich Willy Brandt vor allem darum, die Konflikte zwischen der BRD und der DDR aufzuheben. Seine Ostpolitik sollte das Verhältnis beider Staaten zueinander verbessern.

Am 7. Dezember 1970 kniete Bundeskanzler Willy Brandt beim Besuch in Warschau vor dem Mahnmal im ehemaligen Warschauer Ghetto nieder, was weltweites Aufsehen erregte.

1970 schloss die BRD die Friedensverträge mit der Sowjetunion und der Volksrepublik Polen. 1971 wurde das *Viermächte – Abkommen über Berlin von den vier Siegermächten* unterzeichnet. Dadurch wurde die Zugehörigkeit Westberlins zur BRD anerkannte, und der Reise – und Handelsverkehr erleichtert. Am 21. Dezember 1972 wurde der *Vertrag über die Grundlagen der Beziehungen zwischen der BRD und DDR* unterzeichnet. Damit begannen die beiden deutschen Staaten, sich einander anzuerkannen. Am 18. September trat die BRD in die UNO ein.

3) Der *Vertrag über die Wirtschafts –, Währungs – und Sozialunion* (*der erste Staatsvertrag*) wurde am 13. Mai 1990 von der BRD und der DDR unterzeichnet, und trat am 1. Juli in Kraft.

Am 31. August 1990 wurde der *Vertrag über die Herstellung der staatlichen Einheit* (der zweite Staatsvertrag oder der Einigungsvertrag) von den beiden unterzeichnet.

Nach den *Zwei – plus – vier – Verhandlungen* unter beiden deutschen Staaten und vier Siegermächten wurde der *Vertrag über die abschließende Regelung in Bezug auf Deutschland* (der Friedensvertrag) am 12. September 1990 in Moskau unterzeichnet. Die Rechte und Verantwortlichkeiten der vier Siegermächte in Berlin und Deutschland wurden aufgehoben. Deutschland erhielt die volle Souveränität.

Anhang Ⅱ. Die Zeitgliederung der deutschen Geschichte

Das Altertum (Christi.– etw. 500)

Das Mittelalter (500 – 1500)

Die Neuzeit (1500 – 1914)

Die neuste Zeit (Anfang des 20. Jh.– 1945)

Die Gegenwart (ab 1945)

Diewichtigen Epochen deutscher Geschichte

962 – 1806: Heiliges Römisches Reich

          (1512) Heiliges Römisches Reich Deutscher Nation

1806 – 1813: Rheinbund

1815 – 1848/1851 – 1866: Deutscher Bund

1867 – 1871: Norddeutscher Bund

1871 – 1918: Deutsches Reich (konstitutionelle Monarchie der Kaiserzeit)

1918 – 1933: Deutsches Reich (Weimarer Republik)

1933 – 1945: Deutsches Reich (NS – Staat)

1949 – 1990: Deutsche Demokratische Republik (DDR)

1949 – jetzt: Bundesrepblik Deutschland (BRD)

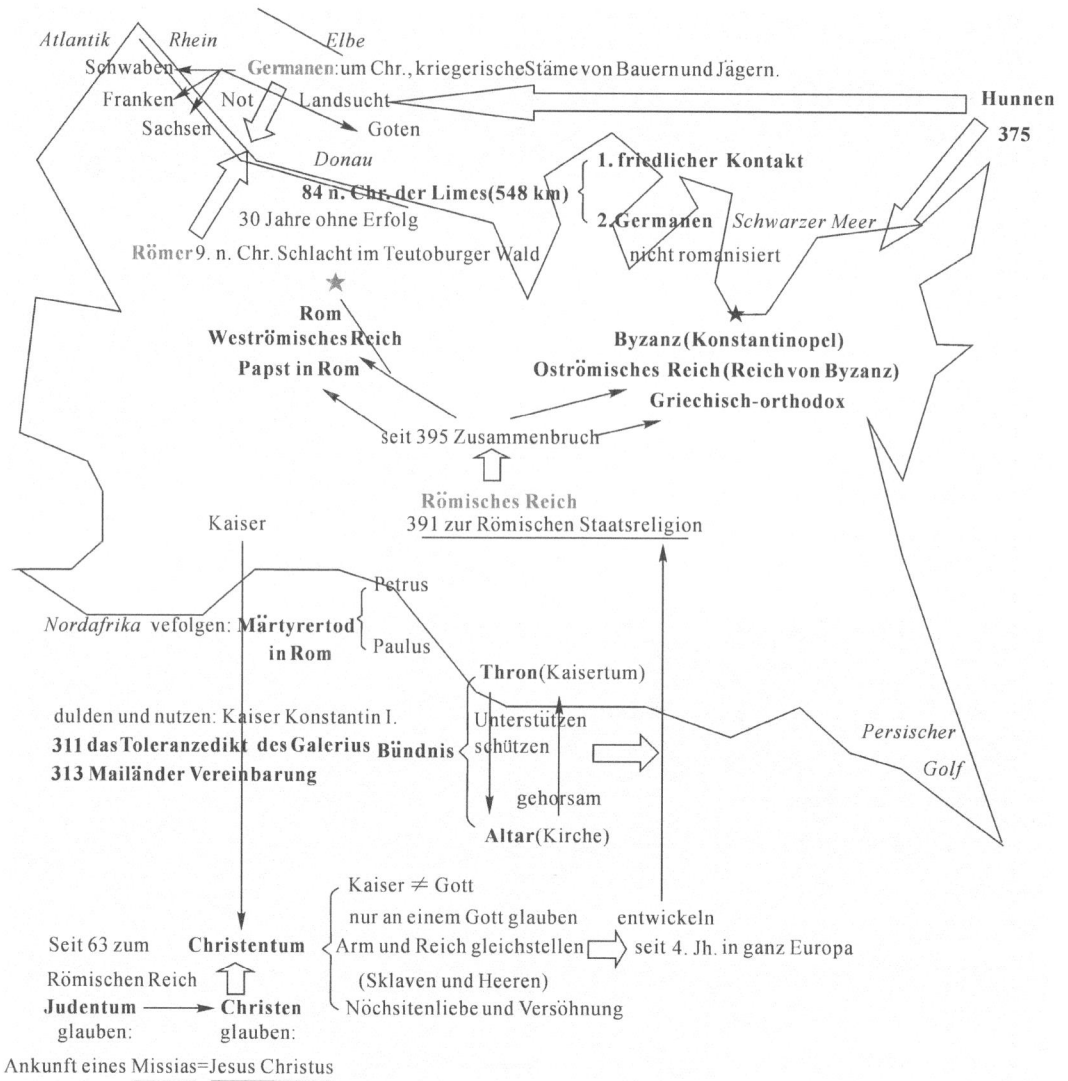

Das Mittelalter (500-1500)

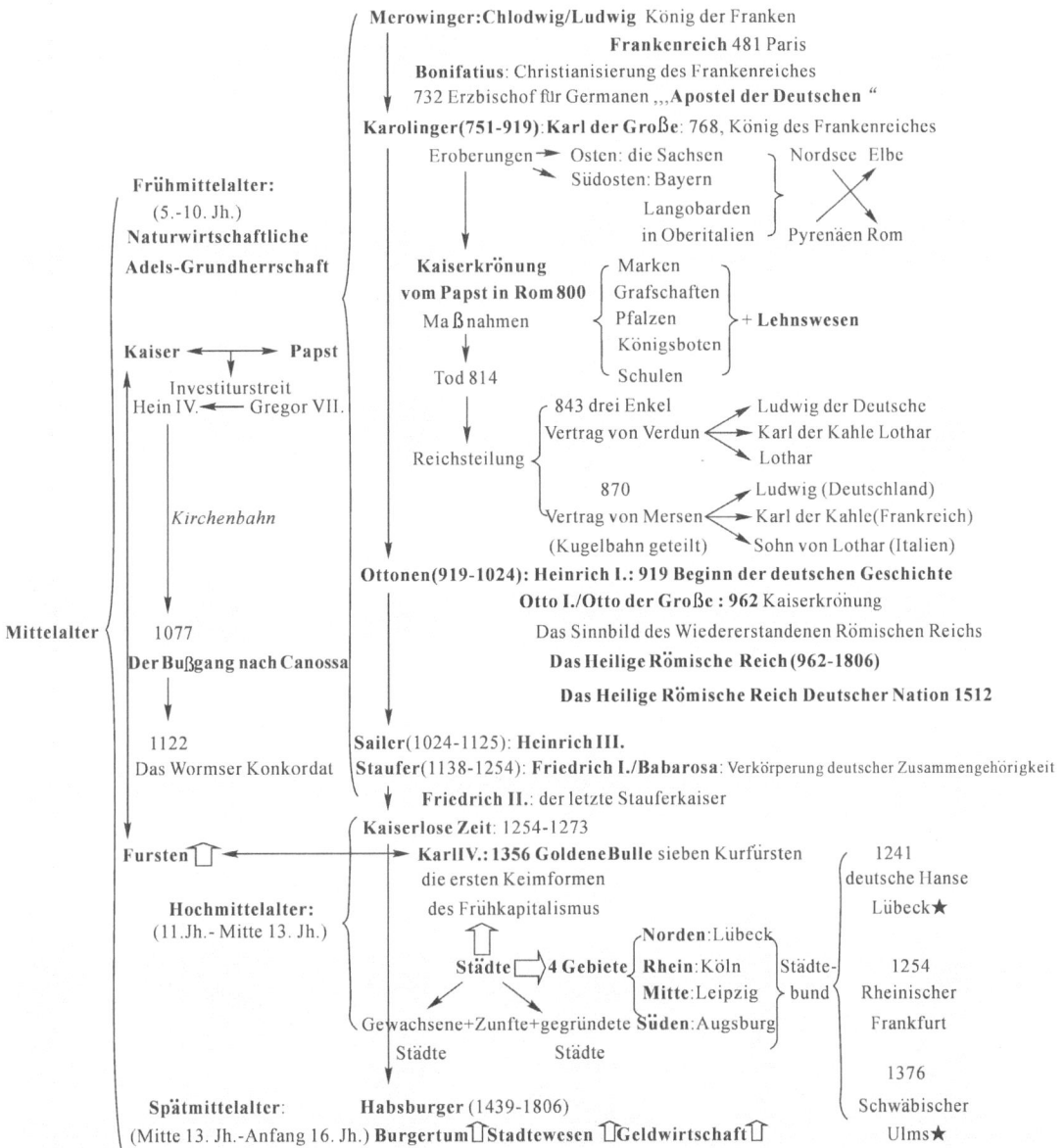

Merowinger:Chlodwig/Ludwig König der Franken

Frankenreich 481 Paris

Bonifatius: Christianisierung des Frankenreiches

732 Erzbischof für Germanen ,,,Apostel der Deutschen "

Karolinger(751-919):Karl der Große: 768, König des Frankenreiches

Eroberungen → Osten: die Sachsen ⌉ Nordsee Elbe

Südosten: Bayern

Langobanden

in Oberitalien ⌋ Pyrenäen Rom

Frühmittelalter:

(5.-10. Jh.)

Naturwirtschaftliche

Adels-Grundherrschaft

Kaiserkrönung ⌈ Marken ⌉

vom Papst in Rom 800 | Grafschaften

Maßnahmen ⟨ Pfalzen ⟩ + Lehnswesen

Königsboten

Tod 814 ⌊ Schulen ⌋

Kaiser ⟷ **Papst**

Investiturstreit

Hein IV.◄— Gregor VII.

843 drei Enkel ⟶ Ludwig der Deutsche

Vertrag von Verdun ⟵► Karl der Kahle Lothar

Lothar

870 ⟶ Ludwig (Deutschland)

Kirchenbahn

Vertrag von Mersen ⟵► Karl der Kahle(Frankreich)

(Kugelbahn geteilt) ↘ Sohn von Lothar (Italien)

Ottonen(919-1024): Heinrich I.: 919 Beginn der deutschen Geschichte

Otto I./Otto der Große : 962 Kaiserkrönung

Das Sinnbild des Wiedererstandenen Römischen Reichs

Das Heilige Römische Reich (962-1806)

Mittelalter ⟨ 1077

Das Heilige Römische Reich Deutscher Nation 1512

Der Bußgang nach Canossa

1122

Das Wormser Konkordat

Sailer(1024-1125): Heinrich III.

Staufer(1138-1254): Friedrich I./Babarosa: Verkörperung deutscher Zusammengehörigkeit

Friedrich II.: der letzte Stauferkaiser

Kaiserlose Zeit: 1254-1273

Fursten⬆ ◄——— ►**Karl IV.:** 1356 Goldene Bulle sieben Kurfürsten | 1241

die ersten Keimformen | deutsche Hanse

Hochmittelalter:

(11.Jh.- Mitte 13. Jh.)

des Frühkapitalismus | Lübeck★

Norden:Lübeck

Städte⬆►4 Gebiete **Rhein**:Köln Städte- | 1254

Mitte:Leipzig ⟩bund | Rheinischer

Gewachsene+Zunfte+gegründete **Süden**:Augsburg | Frankfurt

Städte Städte

1376

Spätmittelalter: **Habsburger (1439-1806)** | Schwäbischer

(Mitte 13. Jh.-Anfang 16. Jh.) **Burgertum**⬆**Stadtewesen** ⬆**Geldwirtschaft**⬆ | Ulms★

Die Neuzeit (1500-1914)

Die Reformation (16. Jh.)

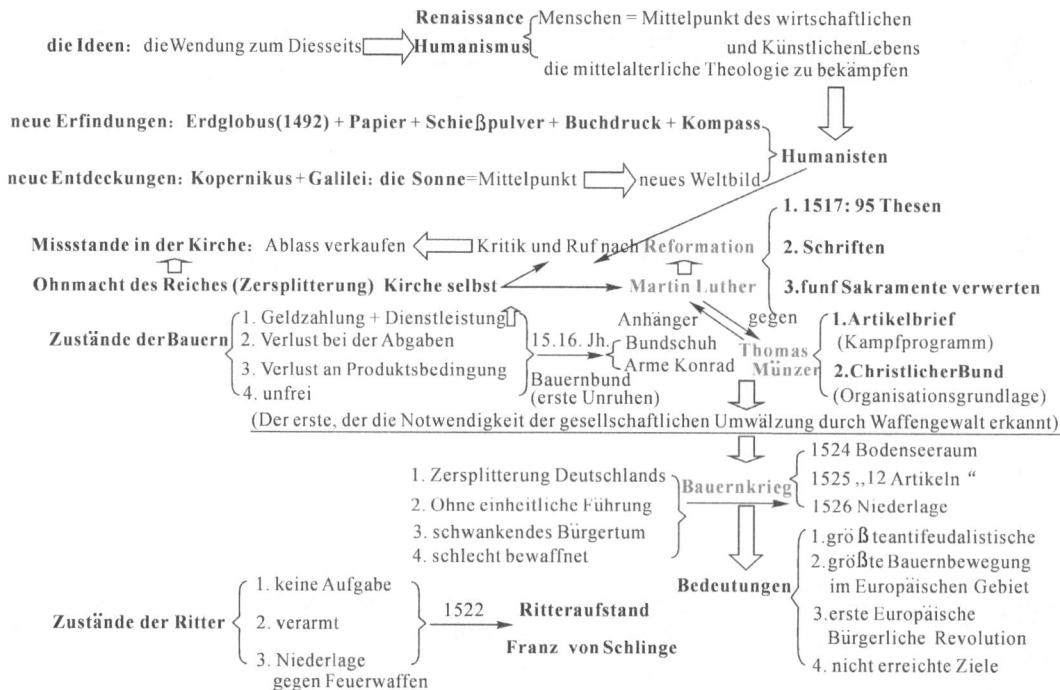

die Ideen: die Wendung zum Diesseits ⟹ Humanismus

Renaissance ⟨Menschen = Mittelpunkt des wirtschaftlichen und KünstlichenLebens / die mittelalterliche Theologie zu bekämpfen⟩

neue Erfindungen: Erdglobus(1492) + Papier + Schießpulver + Buchdruck + Kompass ⟩ Humanisten

neue Entdeckungen: Kopernikus + Galilei: die Sonne = Mittelpunkt ⟹ neues Weltbild

Missstande in der Kirche: Ablass verkaufen ⟸ Kritik und Ruf nach Reformation

Ohnmacht des Reiches (Zersplitterung) Kirche selbst ⟶ Martin Luther

1. 1517: 95 Thesen
2. Schriften
3. funf Sakramente verwerten

Zustände der Bauern ⟨
1. Geldzahlung + Dienstleistung
2. Verlust bei der Abgaben
3. Verlust an Produktsbedingung
4. unfrei ⟩

15.16. Jh. ⟨ Bundschuh / Arme Konrad ⟩ Anhänger gegen Thomas Münzer

Bauernbund (erste Unruhen)

1. Artikelbrief (Kampfprogramm)
2. Christlicher Bund (Organisationsgrundlage)

(Der erste, der die Notwendigkeit der gesellschaftlichen Umwälzung durch Waffengewalt erkannt)

1. Zersplitterung Deutschlands
2. Ohne einheitliche Führung
3. schwankendes Bürgertum
4. schlecht bewaffnet

Bauernkrieg ⟨
1524 Bodenseeraum
1525 „12 Artikeln "
1526 Niederlage ⟩

Zustände der Ritter ⟨
1. keine Aufgabe
2. verarmt
3. Niederlage gegen Feuerwaffen ⟩

1522 Ritteraufstand Franz von Schlinge

Bedeutungen ⟨
1. grö ß teantifeudalistische
2. größte Bauernbewegung im Europäischen Gebiet
3. erste Europäische Bürgerliche Revolution
4. nicht erreichte Ziele ⟩

Der Dreißigjährige Krieg (17. Jh.)

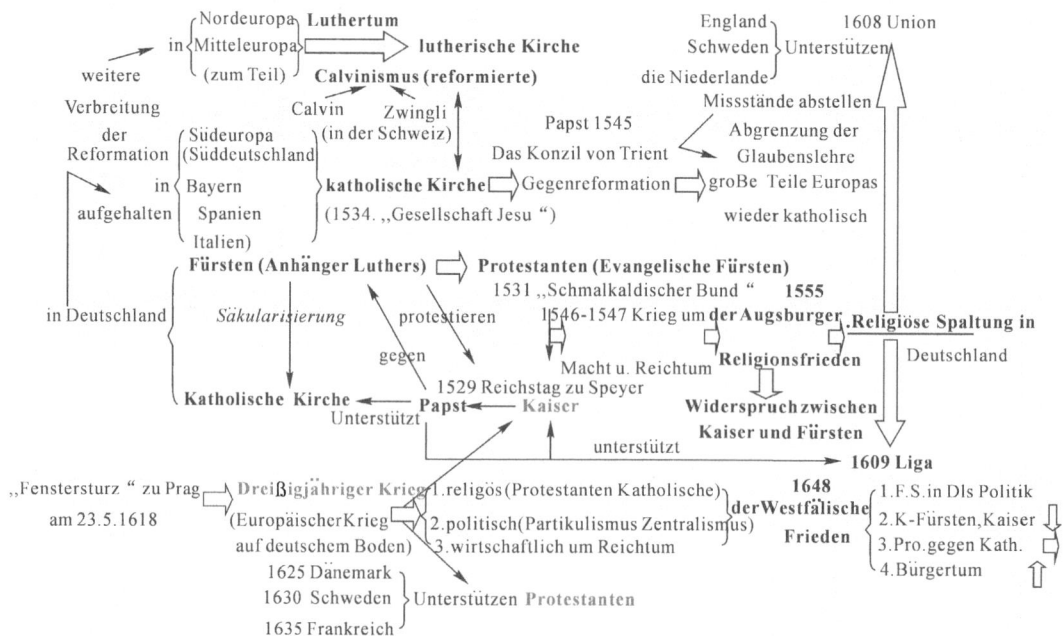

weitere Verbreitung der Reformation

in ⟨Nordeuropa / Mitteleuropa / (zum Teil)⟩ Luthertum ⟹ lutherische Kirche
Calvinismus (reformierte)

Calvin Zwingli (in der Schweiz)

in Südeuropa (Süddeutschland) ⟨Bayern / Spanien / Italien⟩ katholische Kirche ⟹ Gegenreformation
(1534. „Gesellschaft Jesu ")

aufgehalten

England / Schweden / die Niederlande ⟩ Unterstützen 1608 Union

Missstände abstellen

Papst 1545 Das Konzil von Trient ⟨ Abgrenzung der Glaubenslehre / groBe Teile Europas wieder katholisch ⟩

in Deutschland ⟨

Säkularisierung

Katholische Kirche ⟵ Papst ⟵ Kaiser

protestieren gegen Macht u. Reichtum

1529 Reichstag zu Speyer

Fürsten (Anhänger Luthers) ⟹ Protestanten (Evangelische Fürsten)
1531 „Schmalkaldischer Bund " 1555
1546-1547 Krieg um der Augsburger

Religionsfrieden

Widerspruch zwischen Kaiser und Fürsten

Religiöse Spaltung in Deutschland

1609 Liga

„Fenstersturz " zu Prag am 23.5.1618 ⟹ Dreißigjähriger Krieg (Europäischer Krieg auf deutschem Boden)

1. religiös (Protestanten Katholische)
2. politisch (Partikulismus Zentralismus)
3. wirtschaftlich um Reichtum

1625 Dänemark
1630 Schweden
1635 Frankreich ⟩ Unterstützen Protestanten

unterstützt

1648 der Westfälische Frieden ⟨
1. F.S.in Dls Politik
2. K-Fürsten, Kaiser
3. Pro. gegen Kath.
4. Bürgertum ⟩

Deutscher Dualismus (13.-17. Jh.)

Absolutismus:ein stehender Heer + ein zentral geleitete Bürokratie in Frankreich: Ludwig XIV. (Sonnenkönig)

Aufgeklärter Absolutismus: einigermaBen für die Bürger sorgen

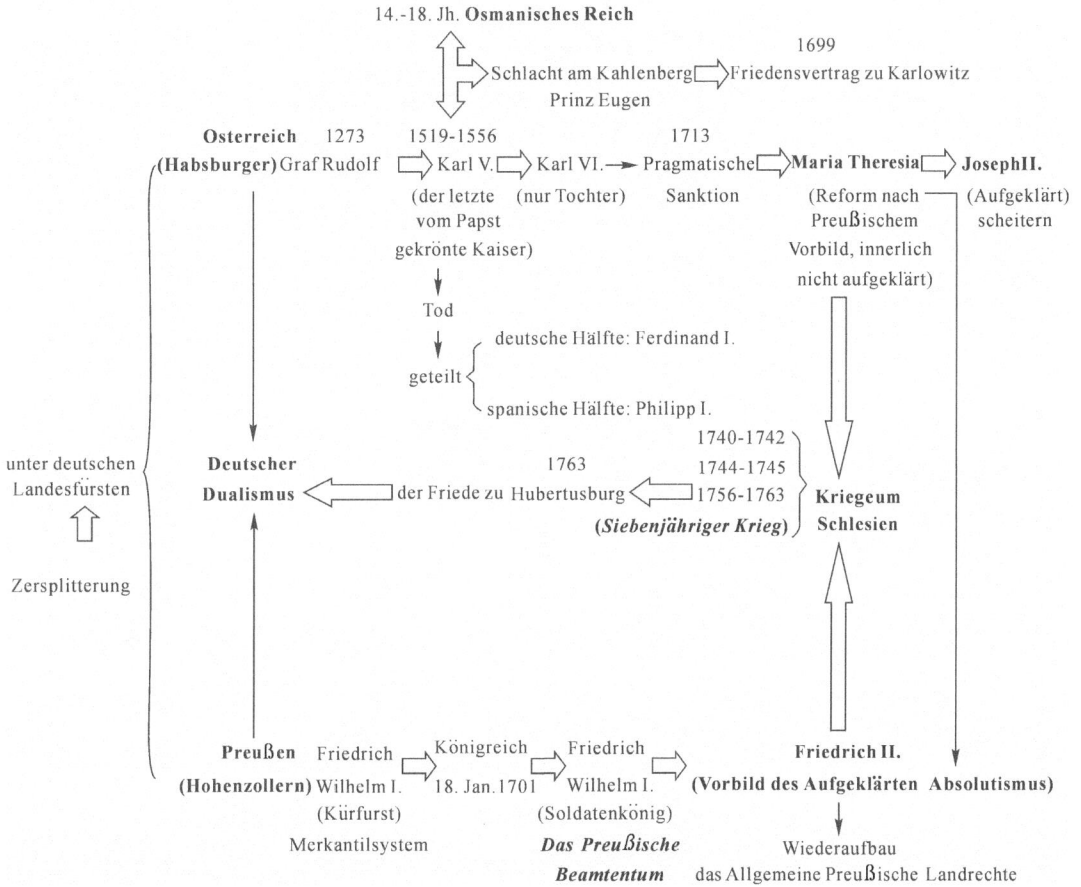

14.-18. Jh. **Osmanisches Reich**

1699

Schlacht am Kahlenberg ⟶ Friedensvertrag zu Karlowitz
Prinz Eugen

Osterreich   1273   1519-1556   1713
(Habsburger) Graf Rudolf ⟹ Karl V.⟹ Karl VI.⟶ Pragmatische ⟹ **Maria Theresia** ⟹ **JosephII.**

(der letzte   (nur Tochter)   Sanktion   (Reform nach ⟶ (Aufgeklärt)
vom Papst   Preußischem   scheitern
gekrönte Kaiser)   Vorbild, innerlich
                                               nicht aufgeklärt)

Tod

deutsche Hälfte: Ferdinand I.

geteilt

spanische Hälfte: Philipp I.

1740-1742

unter deutschen   **Deutscher**   1763   1744-1745
Landesfürsten   **Dualismus** ⟸ der Friede zu Hubertusburg ⟸ 1756-1763   **Kriegeum**
                                                (Siebenjähriger Krieg)   **Schlesien**

Zersplitterung

Preußen   Friedrich Königreich Friedrich   **Friedrich II.**
(Hohenzollern) Wilhelm I. 18. Jan.1701 Wilhelm I. ⟹ **(Vorbild des Aufgeklärten Absolutismus)**
                 (Kürfurst)   (Soldatenkönig)
                 Merkantilsystem   *Das PreuBische*   Wiederaufbau
                                        Beamtentum   das Allgemeine PreuBische Landrechte

Napoleons Eroberungszüge (1804-1815)

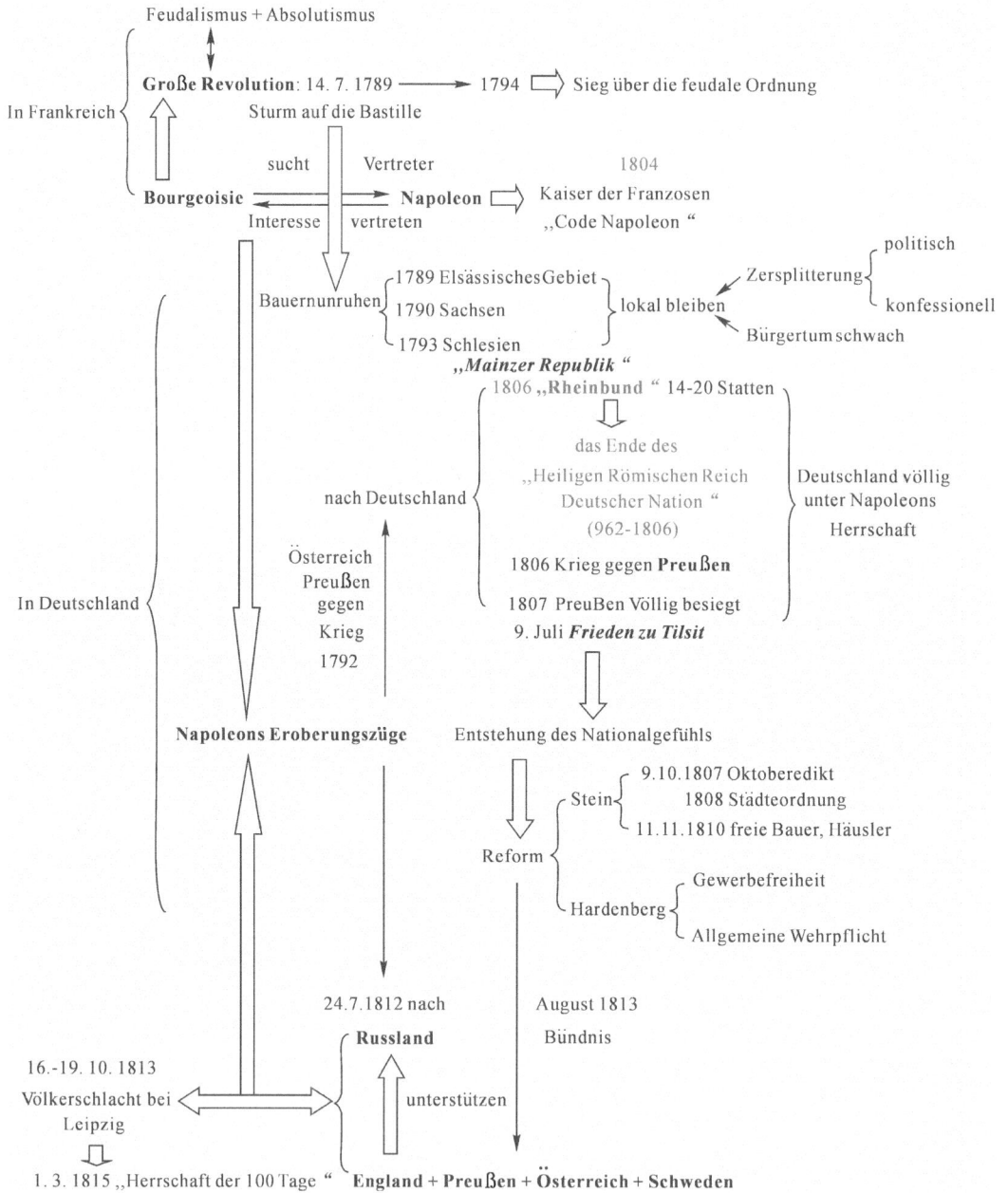

In Frankreich
- Feudalismus + Absolutismus
- **Große Revolution**: 14. 7. 1789 ——→ 1794 ⇨ Sieg über die feudale Ordnung
- Sturm auf die Bastille
- sucht Vertreter
- **Bourgeoisie** ⇄ **Napoleon** ⇨ 1804 Kaiser der Franzosen „Code Napoleon "
- Interesse vertreten

Bauernunruhen
- 1789 ElsässischesGebiet
- 1790 Sachsen
- 1793 Schlesien
- lokal bleiben ← Zersplitterung { politisch / konfessionell
- ← Bürgertum schwach

„*Mainzer Republik* "

nach Deutschland
- 1806 „**Rheinbund** " 14-20 Statten ⇩
- das Ende des „Heiligen Römischen Reich Deutscher Nation " (962-1806)
- 1806 Krieg gegen **Preußen**
- 1807 PreuBen Völlig besiegt
- 9. Juli *Frieden zu Tilsit*

Deutschland völlig unter Napoleons Herrschaft

In Deutschland

Österreich Preußen gegen Krieg 1792

Napoleons Eroberungszüge

Entstehung des Nationalgefühls ⇩

Reform
- Stein
  - 9.10.1807 Oktoberedikt
  - 1808 Städteordnung
  - 11.11.1810 freie Bauer, Häusler
- Hardenberg
  - Gewerbefreiheit
  - Allgemeine Wehrpflicht

24.7.1812 nach
Russland ↑ unterstützen

August 1813 Bündnis

16.-19. 10. 1813 Völkerschlacht bei Leipzig ⇦⇨ ⇩
1. 3. 1815 „Herrschaft der 100 Tage "

England + Preußen + Österreich + Schweden

Neuordnung Europas und Bürgerliche Revolution (1815-1848/1849)

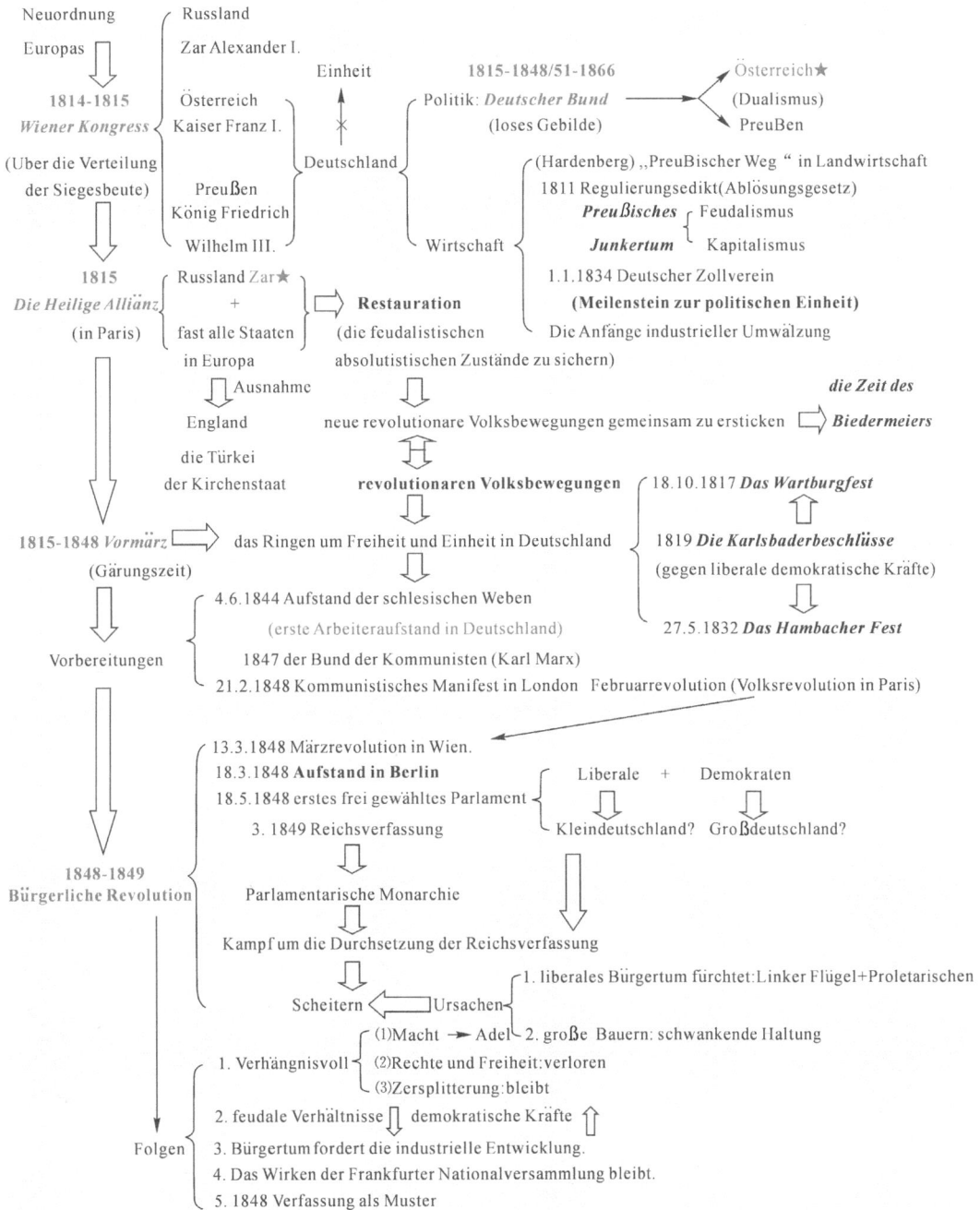

Neuordnung
Europas ⇩

1814-1815
Wiener Kongress

(Über die Verteilung
der Siegesbeute) ⇩

1815
Die Heilige Alliänz

(in Paris)

Russland
Zar Alexander I.

Österreich
Kaiser Franz I.

Preußen
König Friedrich
Wilhelm III.

Einheit
↑
✕

Deutschland

1815-1848/51-1866
Politik: *Deutscher Bund* ——→ Österreich★
(loses Gebilde)   (Dualismus)
                               Preußen

Wirtschaft

(Hardenberg) „Preußischer Weg" in Landwirtschaft
1811 Regulierungsedikt(Ablösungsgesetz)
Preußisches ⌐ Feudalismus
Junkertum └ Kapitalismus
1.1.1834 Deutscher Zollverein
(Meilenstein zur politischen Einheit)
Die Anfänge industrieller Umwälzung

Russland Zar★
+
fast alle Staaten
in Europa

⇨ **Restauration**
(die feudalistischen
absolutistischen Zustände zu sichern)

⇩Ausnahme

England
die Türkei
der Kirchenstaat

⇩
neue revolutionare Volksbewegungen gemeinsam zu ersticken ⇨

die Zeit des
Biedermeiers

⇕
revolutionaren Volksbewegungen
⇩

1815-1848 *Vormärz* ⇨ das Ringen um Freiheit und Einheit in Deutschland

(Gärungszeit) ⇩

Vorbereitungen

4.6.1844 Aufstand der schlesischen Weben
(erste Arbeiteraufstand in Deutschland)
1847 der Bund der Kommunisten (Karl Marx)
21.2.1848 Kommunistisches Manifest in London

18.10.1817 *Das Wartburgfest*
1819 *Die Karlsbaderbeschlüsse*
(gegen liberale demokratische Kräfte)
⇩
27.5.1832 *Das Hambacher Fest*

Februarrevolution (Volksrevolution in Paris)

1848-1849
Bürgerliche Revolution

13.3.1848 Märzrevolution in Wien.
18.3.1848 **Aufstand in Berlin**
18.5.1848 erstes frei gewähltes Parlament
3. 1849 Reichsverfassung

Liberale + Demokraten
⇩   ⇩
Kleindeutschland? Großdeutschland?

⇩
Parlamentarische Monarchie
⇩
Kampf um die Durchsetzung der Reichsverfassung
⇩
Scheitern ⇦ Ursachen

1. liberales Bürgertum fürchtet:Linker Flügel+Proletarischen
2. große Bauern: schwankende Haltung

Folgen

1. Verhängnisvoll ⌐ (1)Macht → Adel
                   ⌐ (2)Rechte und Freiheit:verloren
                   └ (3)Zersplitterung:bleibt
2. feudale Verhältnisse ⇩ demokratische Kräfte ⇧
3. Bürgertum fordert die industrielle Entwicklung.
4. Das Wirken der Frankfurter Nationalversammlung bleibt.
5. 1848 Verfassung als Muster

Das Deutsche Kaiserreich (1871-1918)

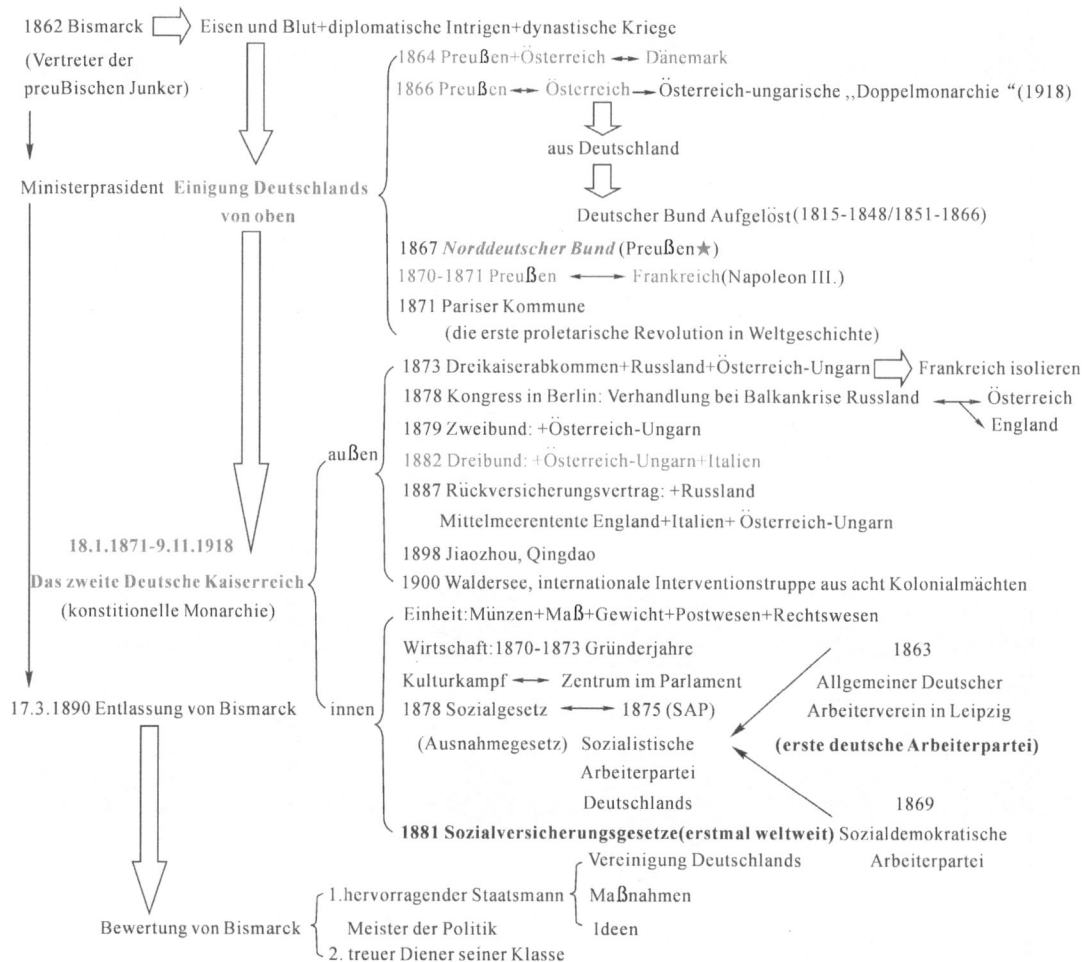

1862 Bismarck ⟹ Eisen und Blut+diplomatische Intrigen+dynastische Kriege

(Vertreter der
preuBischen Junker)

  1864 Preußen+Österreich ⟷ Dänemark

  1866 Preußen ⟷ Österreich → Österreich-ungarische „Doppelmonarchie"(1918)

         ⟱

    aus Deutschland

         ⟱

Ministerprasident Einigung Deutschlands
           von oben {

    Deutscher Bund Aufgelöst(1815-1848/1851-1866)

  1867 *Norddeutscher Bund* (Preußen★)

  1870-1871 Preußen ⟷ Frankreich(Napoleon III.)

  1871 Pariser Kommune
      (die erste proletarische Revolution in Weltgeschichte)

  außen {

  1873 Dreikaiserabkommen+Russland+Österreich-Ungarn ⟹ Frankreich isolieren

  1878 Kongress in Berlin: Verhandlung bei Balkankrise Russland ⟷ Österreich

  1879 Zweibund: +Österreich-Ungarn   England

  1882 Dreibund: +Österreich-Ungarn+Italien

  1887 Rückversicherungsvertrag: +Russland
      Mittelmeerentente England+Italien+ Österreich-Ungarn

  1898 Jiaozhou, Qingdao

  1900 Waldersee, internationale Interventionstruppe aus acht Kolonialmächten

18.1.1871-9.11.1918

Das zweite Deutsche Kaiserreich {
(konstitionelle Monarchie)

  Einheit:Münzen+Maß+Gewicht+Postwesen+Rechtswesen

  Wirtschaft:1870-1873 Gründerjahre   1863

  innen {

  Kulturkampf ⟷ Zentrum im Parlament   Allgemeiner Deutscher

  1878 Sozialgesetz ⟷ 1875 (SAP)   Arbeiterverein in Leipzig

  (Ausnahmegesetz) Sozialistische   **(erste deutsche Arbeiterpartei)**
              Arbeiterpartei
              Deutschlands   1869

17.3.1890 Entlassung von Bismarck

  1881 Sozialversicherungsgesetze(erstmal weltweit) Sozialdemokratische
                                              Arbeiterpartei

                  Vereinigung Deutschlands

Bewertung von Bismarck { 1.hervorragender Staatsmann { Maßnahmen
                          Meister der Politik   Ideen
                        2. treuer Diener seiner Klasse

Die neuste Zeit (Anfang des 20. Jh.-1945)

Der Erste Weltkrieg (1914-1919)

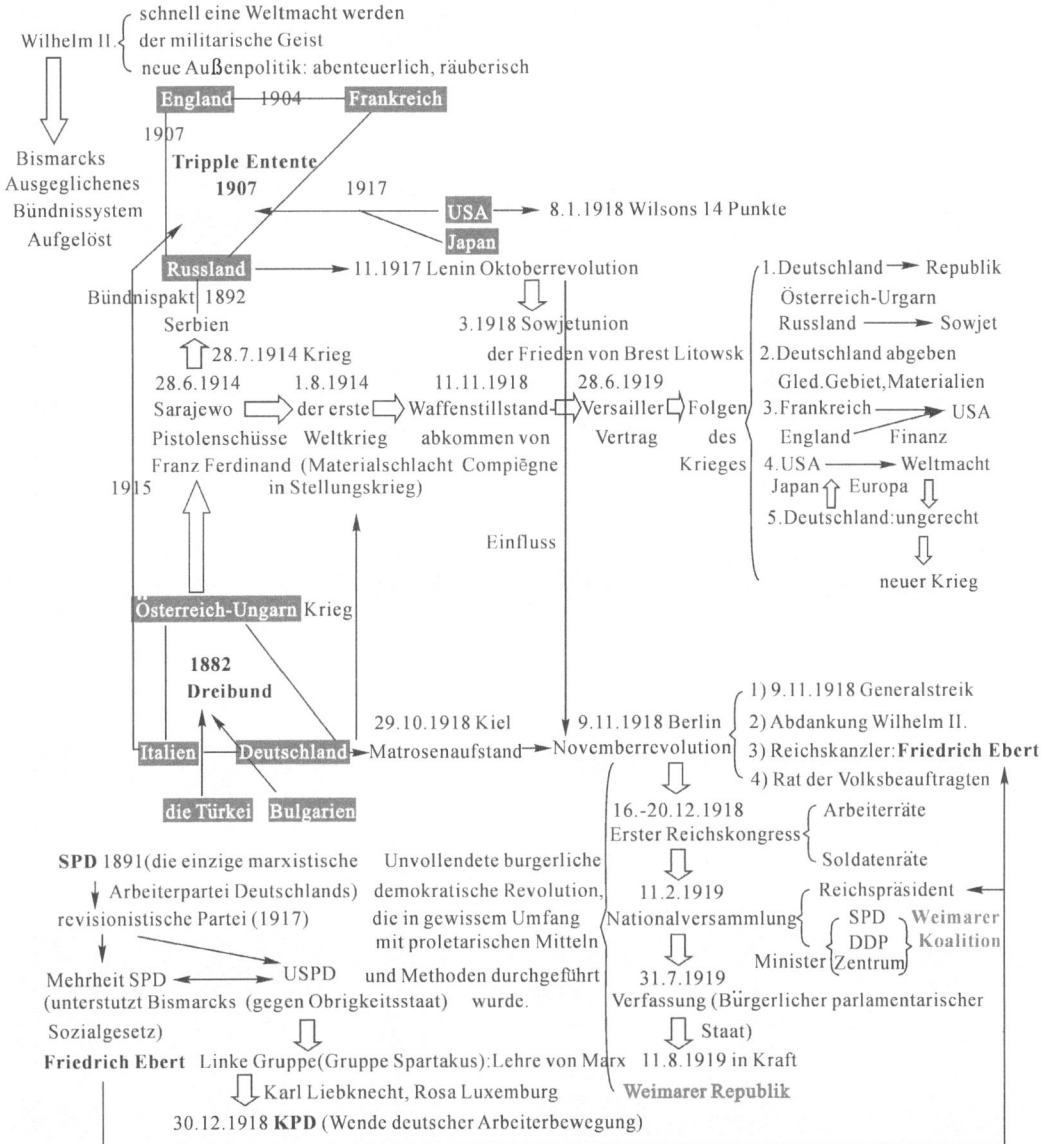

Wilhelm II.
- schnell eine Weltmacht werden
- der militarische Geist
- neue Außenpolitik: abenteuerlich, räuberisch

England —— 1904 —— Frankreich

1907

Bismarcks
Ausgeglichenes
Bündnissystem
Aufgelöst

Tripple Entente
1907   1917

USA → 8.1.1918 Wilsons 14 Punkte
Japan

Russland → 11.1917 Lenin Oktoberrevolution

Bündnispakt 1892

Serbien   3.1918 Sowjetunion
                           der Frieden von Brest Litowsk

28.7.1914 Krieg

28.6.1914   1.8.1914   11.11.1918   28.6.1919
Sarajewo → der erste → Waffenstillstand → Versailler → Folgen
Pistolenschüsse Weltkrieg abkommen von Vertrag   des
Franz Ferdinand (Materialschlacht Compiēgne   Krieges
in Stellungskrieg)

1915

Einfluss

1. Deutschland → Republik
   Österreich-Urgarn
   Russland → Sowjet
2. Deutschland abgeben
   Gled.Gebiet,Materilien
3. Frankreich → USA
   England   Finanz
4. USA → Weltmacht
   Japan ⇧ Europa ⇩
5. Deutschland:ungerecht

neuer Krieg

Österreich-Ungarn Krieg

1882
Dreibund

Italien —— Deutschland → Matrosenaufstand → Novemberrevolution

29.10.1918 Kiel   9.11.1918 Berlin

die Türkei Bulgarien

1) 9.11.1918 Generalstreik
2) Abdankung Wilhelm II.
3) Reichskanzler:**Friedrich Ebert**
4) Rat der Volksbeauftragten

16.-20.12.1918   Arbeiterräte
Erster Reichskongress
                   Soldatenräte

11.2.1919   Reichspräsident
Nationalversammlung SPD   Weimarer
                     DDP   Koalition
         Minister Zentrum

SPD 1891(die einzige marxistische Unvollendete burgerliche
Arbeiterpartei Deutschlands) demokratische Revolution,
revisionistische Partei (1917) die in gewissem Umfang
                                mit proletarischen Mitteln
Mehrheit SPD ← → USPD   und Methoden durchgeführt
(unterstutzt Bismarcks (gegen Obrigkeitsstaat) wurde.
Sozialgesetz)

Friedrich Ebert Linke Gruppe(Gruppe Spartakus):Lehre von Marx
         Karl Liebknecht, Rosa Luxemburg
30.12.1918 **KPD** (Wende deutscher Arbeiterbewegung)

31.7.1919
Verfassung (Bürgerlicher parlamentarischer
         Staat)
11.8.1919 in Kraft
Weimarer Republik

Weimarer Republik (1918-1933)

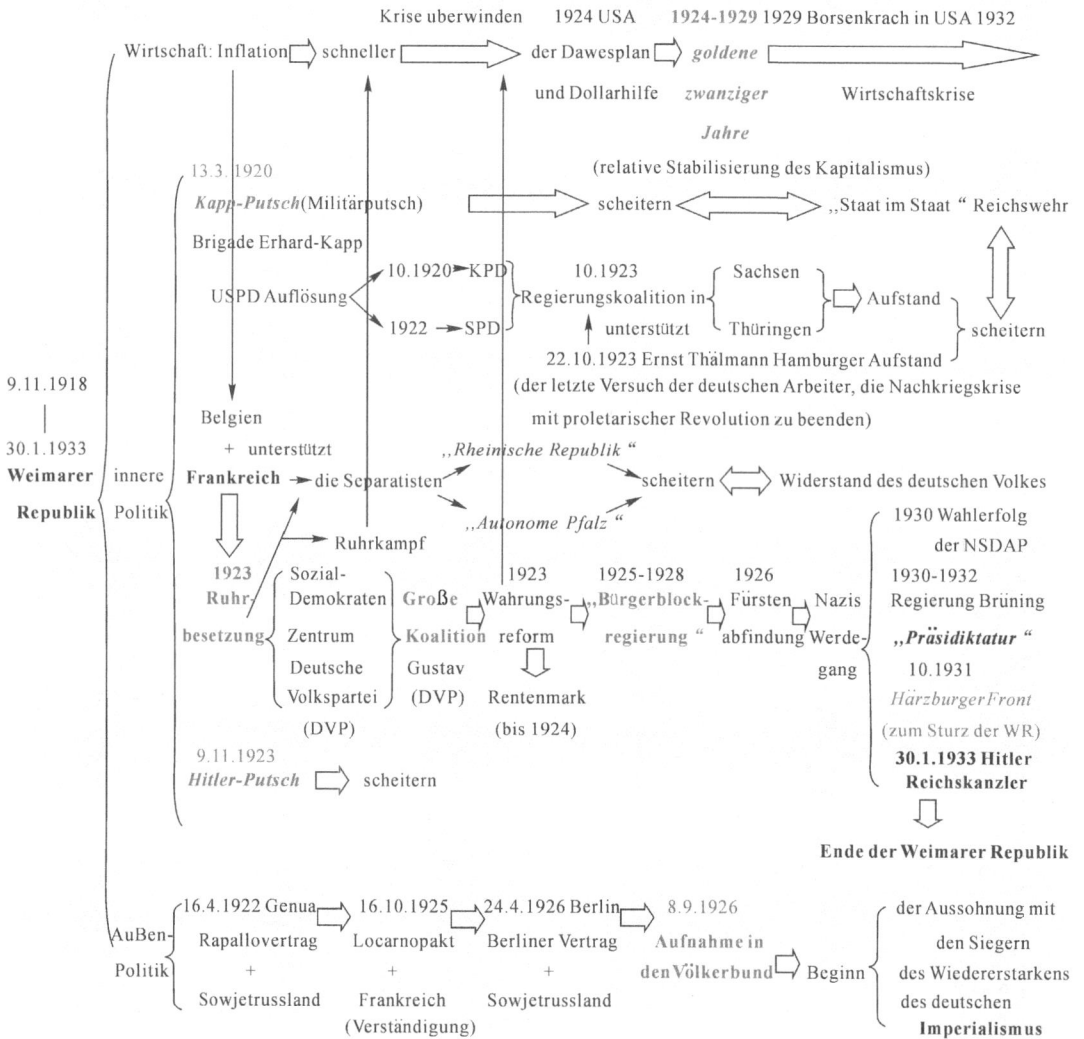

Krise uberwinden   1924 USA   1924-1929 1929 Borsenkrach in USA 1932

Wirtschaft: Inflation ⟹ schneller ⟹ der Dawesplan ⟹ *goldene* ⟹

und Dollarhilfe   *zwanziger*   Wirtschaftskrise

Jahre

(relative Stabilisierung des Kapitalismus)

13.3.1920

Kapp-Putsch(Militärputsch) ⟹ scheitern ⟸⟹ ,,Staat im Staat " Reichswehr

Brigade Erhard-Kapp

10.1920 ➤ KPD   10.1923   Sachsen

USPD Auflösung   Regierungskoalition in   ⟹ Aufstand

1922 → SPD   unterstützt   Thüringen   scheitern

22.10.1923 Ernst Thälmann Hamburger Aufstand

(der letzte Versuch der deutschen Arbeiter, die Nachkriegskrise

mit proletarischer Revolution zu beenden)

9.11.1918

Belgien   ,,*Rheinische Republik* "

30.1.1933   + unterstützt

Weimarer innere **Frankreich** → die Separatisten   scheitern ⟸⟹ Widerstand des deutschen Volkes

Republik Politik   ,,*Autonome Pfalz* "   1930 Wahlerfolg

der NSDAP

⟱   ➜ Ruhrkampf   1930-1932

1923   Sozial-   1923 1925-1928 1926   Regierung Brüning

Ruhr- Demokraten Große Wahrungs- ,,Bürgerblock- Fürsten Nazis   ,,*Präsidiktatur* "

besetzung Zentrum Koalition reform regierung " abfindung Werde-   10.1931

Deutsche Gustav ⟱   gang   *Härzburger Front*

Volkspartei (DVP) Rentenmark   (zum Sturz der WR)

(DVP)   (bis 1924)   **30.1.1933 Hitler**

9.11.1923   **Reichskanzler**

Hitler-Putsch ⟹ scheitern

⟱

Ende der Weimarer Republik

16.4.1922 Genua 16.10.1925 24.4.1926 Berlin 8.9.1926   der Aussohnung mit

AuBen- Rapallovertrag ⟹ Locarnopakt ⟹ Berliner Vertrag ⟹ Aufnahme in   den Siegern

Politik + + + den Völkerbund ⟹ Beginn des Wiedererstarkens

Sowjetrussland Frankreich Sowjetrussland   des deutschen

(Verständigung)   **Imperialismus**

NS-Staat und die Kriegsvorbereitungen (1933-1945)

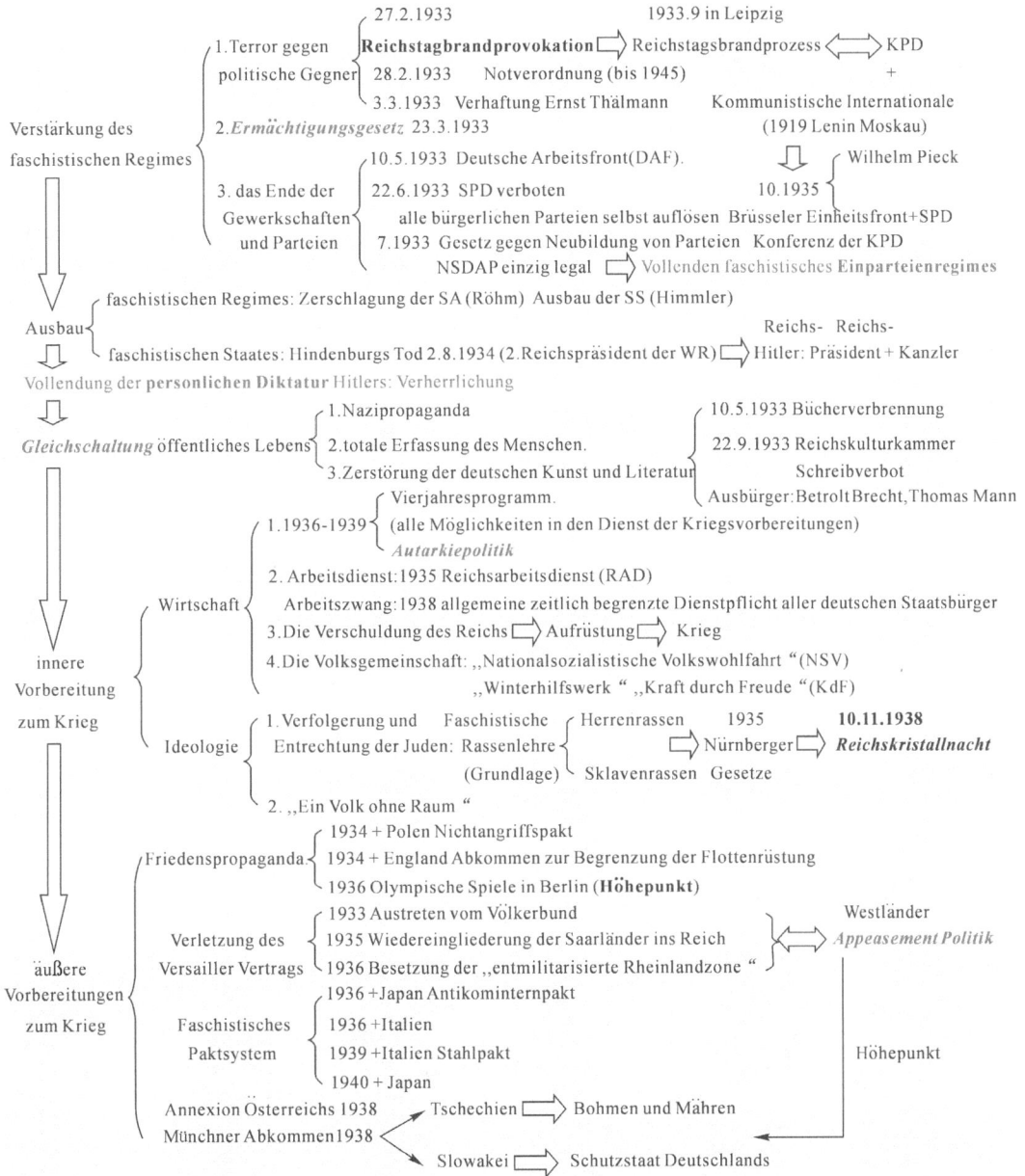

Verstärkung des faschistischen Regimes

1. Terror gegen politische Gegner
   - 27.2.1933 **Reichstagbrandprovokation** ⇨ Reichstagsbrandprozess ⟺ KPD
   - 1933.9 in Leipzig
   - +
   - 28.2.1933 Notverordnung (bis 1945)
   - 3.3.1933 Verhaftung Ernst Thälmann
   - Kommunistische Internationale (1919 Lenin Moskau)

2. *Ermächtigungsgesetz* 23.3.1933

3. das Ende der Gewerkschaften und Parteien
   - 10.5.1933 Deutsche Arbeitsfront(DAF).
   - 22.6.1933 SPD verboten
   - alle bürgerlichen Parteien selbst auflösen
   - 7.1933 Gesetz gegen Neubildung von Parteien
   - NSDAP einzig legal ⇨ Vollenden faschistisches **Einparteienregimes**
   - ⇩ Wilhelm Pieck
   - 10.1935 Brüsseler Einheitsfront+SPD Konferenz der KPD

Ausbau
   - faschistischen Regimes: Zerschlagung der SA (Röhm) Ausbau der SS (Himmler)
   - faschistischen Staates: Hindenburgs Tod 2.8.1934 (2.Reichspräsident der WR) ⇨ Hitler: Reichspräsident + Reichskanzler

⇩ Vollendung der **personlichen Diktatur** Hitlers: Verherrlichung

⇩ *Gleichschaltung* öffentliches Lebens
   1. Nazipropaganda — 10.5.1933 Bücherverbrennung
   2. totale Erfassung des Menschen. — 22.9.1933 Reichskulturkammer
   3. Zerstörung der deutschen Kunst und Literatur — Schreibverbot — Ausbürger:Betrolt Brecht,Thomas Mann

innere Vorbereitung zum Krieg

Wirtschaft
   1. 1936-1939
      - Vierjahresprogramm.
      - (alle Möglichkeiten in den Dienst der Kriegsvorbereitungen)
      - *Autarkiepolitik*
   2. Arbeitsdienst:1935 Reichsarbeitsdienst (RAD)
      - Arbeitszwang:1938 allgemeine zeitlich begrenzte Dienstpflicht aller deutschen Staatsbürger
   3. Die Verschuldung des Reichs ⇨ Aufrüstung ⇨ Krieg
   4. Die Volksgemeinschaft: „Nationalsozialistische Volkswohlfahrt "(NSV)
      - „Winterhilfswerk " „Kraft durch Freude "(KdF)

Ideologie
   1. Verfolgung und Entrechtung der Juden: Rassenlehre (Grundlage)
      - Faschistische
      - Herrenrassen
      - Sklavenrassen
      - 1935 ⇨ Nürnberger ⇨ Gesetze
      - **10.11.1938** *Reichskristallnacht*
   2. „Ein Volk ohne Raum "

äußere Vorbereitungen zum Krieg

Friedenspropaganda
   - 1934 + Polen Nichtangriffspakt
   - 1934 + England Abkommen zur Begrenzung der Flottenrüstung
   - 1936 Olympische Spiele in Berlin (**Höhepunkt**)

Verletzung des Versailler Vertrags
   - 1933 Austreten vom Völkerbund
   - 1935 Wiedereingliederung der Saarländer ins Reich
   - 1936 Besetzung der „entmilitarisierte Rheinlandzone "
   - Westländer *Appeasement Politik*

Faschistisches Paktsystem
   - 1936 +Japan Antikominternpakt
   - 1936 +Italien
   - 1939 +Italien Stahlpakt
   - 1940 + Japan
   - Höhepunkt

Annexion Österreichs 1938

Münchner Abkommen 1938
   - Tschechien ⇨ Bohmen und Mähren
   - Slowakei ⇨ Schutzstaat Deutschlands

Der Zweite Weltkrieg (1939-1945)

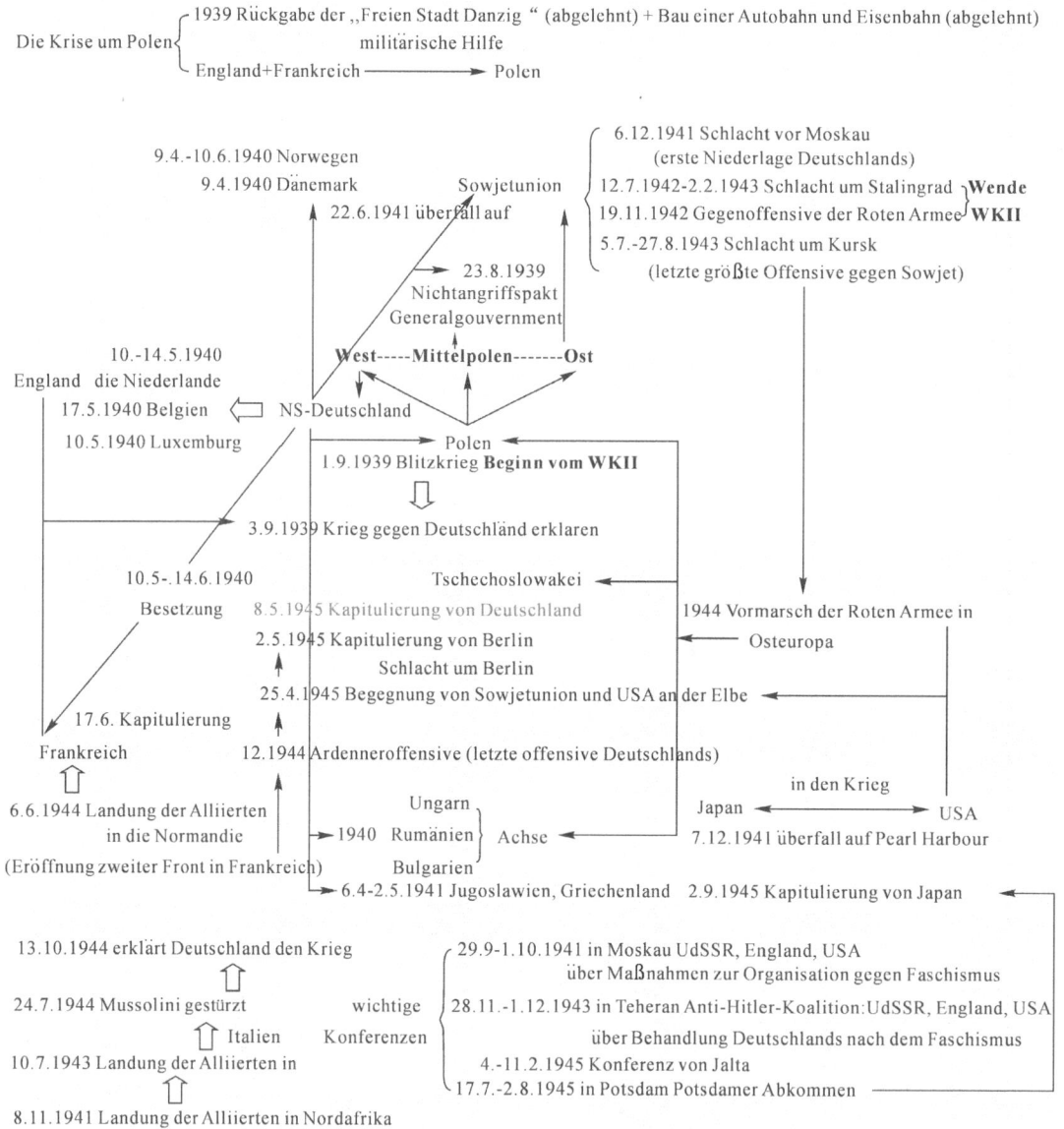

Die Krise um Polen
- 1939 Rückgabe der „Freien Stadt Danzig " (abgelehnt) + Bau einer Autobahn und Eisenbahn (abgelehnt)
  militärische Hilfe
- England+Frankreich ⟶ Polen

9.4.-10.6.1940 Norwegen
9.4.1940 Dänemark　　　　　Sowjetunion
22.6.1941 überfall auf

6.12.1941 Schlacht vor Moskau
　　(erste Niederlage Deutschlands)
12.7.1942-2.2.1943 Schlacht um Stalingrad ⎫ **Wende**
19.11.1942 Gegenoffensive der Roten Armee ⎭ **WKII**
5.7.-27.8.1943 Schlacht um Kursk
　　(letzte größte Offensive gegen Sowjet)

23.8.1939
Nichtangriffspakt
Generalgouvernment

10.-14.5.1940
England　die Niederlande
17.5.1940 Belgien
10.5.1940 Luxemburg

West-----Mittelpolen-------Ost

NS-Deutschland

Polen
1.9.1939 Blitzkrieg **Beginn vom WKII**

3.9.1939 Krieg gegen Deutschländ erklaren

10.5-.14.6.1940　　　　　Tschechoslowakei
Besetzung　8.5.1945 Kapitulierung von Deutschland
2.5.1945 Kapitulierung von Berlin
　　　Schlacht um Berlin
25.4.1945 Begegnung von Sowjetunion und USA an der Elbe

1944 Vormarsch der Roten Armee in
　　Osteuropa

17.6. Kapitulierung
Frankreich　　12.1944 Ardenneroffensive (letzte offensive Deutschlands)
6.6.1944 Landung der Alliierten
　　in die Normandie
(Eröffnung zweiter Front in Frankreich)

Ungarn
1940　Rumänien ⎱ Achse
Bulgarien ⎰

Japan　　in den Krieg ⟶ USA
7.12.1941 überfall auf Pearl Harbour

6.4-2.5.1941 Jugoslawien, Griechenland　2.9.1945 Kapitulierung von Japan

13.10.1944 erklärt Deutschland den Krieg

24.7.1944 Mussolini gestürzt　　　wichtige
　　　　　　　　Italien　　Konferenzen
10.7.1943 Landung der Alliierten in

8.11.1941 Landung der Alliierten in Nordafrika

- 29.9-1.10.1941 in Moskau UdSSR, England, USA
  über Maßnahmen zur Organisation gegen Faschismus
- 28.11.-1.12.1943 in Teheran Anti-Hitler-Koalition:UdSSR, England, USA
  über Behandlung Deutschlands nach dem Faschismus
- 4.-11.2.1945 Konferenz von Jalta
- 17.7.-2.8.1945 in Potsdam Potsdamer Abkommen

Die Gegenwart (1945 bis jetzt)

Wiedervereinigung Deutschlands (1945-1990)

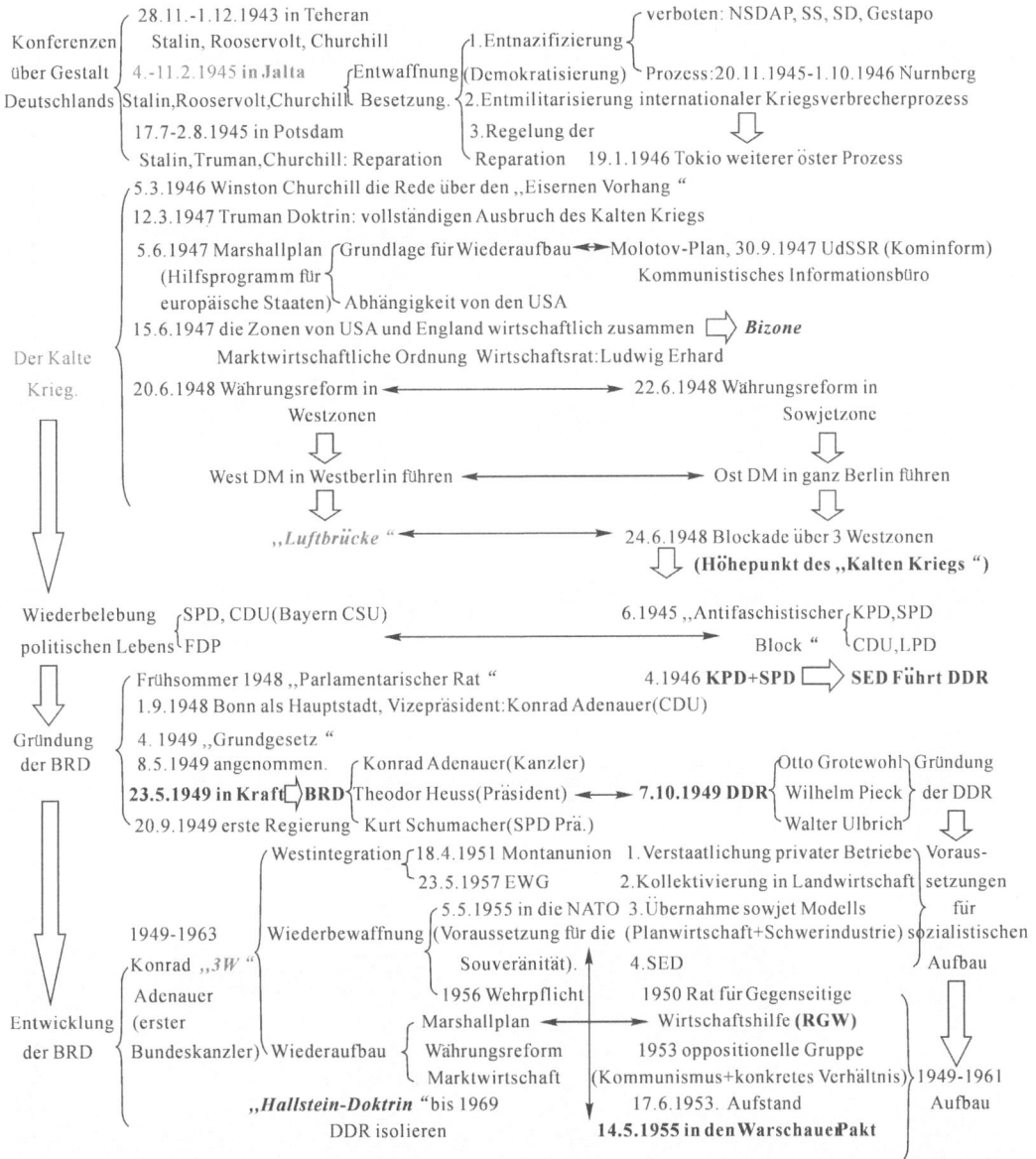

Konferenzen über Gestalt Deutschlands

- 28.11.-1.12.1943 in Teheran Stalin, Rooservolt, Churchill
- 4.-11.2.1945 in Jalta Stalin, Rooservolt, Churchill
- 17.7-2.8.1945 in Potsdam Stalin, Truman, Churchill: Reparation

Entwaffnung Besetzung.

1. Entnazifizierung (Demokratisierung)
   - verboten: NSDAP, SS, SD, Gestapo
   - Prozess: 20.11.1945-1.10.1946 Nurnberg internationaler Kriegsverbrecherprozess
2. Entmilitarisierung
3. Regelung der Reparation — 19.1.1946 Tokio weiterer öster Prozess

Der Kalte Krieg.

- 5.3.1946 Winston Churchill die Rede über den „Eisernen Vorhang"
- 12.3.1947 Truman Doktrin: vollständigen Ausbruch des Kalten Kriegs
- 5.6.1947 Marshallplan (Hilfsprogramm für europäische Staaten)
  - Grundlage für Wiederaufbau ←→ Molotov-Plan, 30.9.1947 UdSSR (Kominform) Kommunistisches Informationsbüro
  - Abhängigkeit von den USA
- 15.6.1947 die Zonen von USA und England wirtschaftlich zusammen ⇒ *Bizone*
  - Marktwirtschaftliche Ordnung Wirtschaftsrat: Ludwig Erhard
- 20.6.1948 Währungsreform in Westzonen ⟷ 22.6.1948 Währungsreform in Sowjetzone
- West DM in Westberlin führen ⟷ Ost DM in ganz Berlin führen
- „*Luftbrücke*" ⟷ 24.6.1948 Blockade über 3 Westzonen ⇩ **(Höhepunkt des „Kalten Kriegs")**

Wiederbelebung politischen Lebens

- SPD, CDU (Bayern CSU)
- FDP

⟷ 6.1945 „Antifaschistischer Block" — KPD, SPD / CDU, LPD

- Frühsommer 1948 „Parlamentarischer Rat"
- 1.9.1948 Bonn als Hauptstadt, Vizepräsident: Konrad Adenauer (CDU)

4.1946 **KPD+SPD** ⇒ **SED Führt DDR**

Gründung der BRD

- 4.1949 „Grundgesetz"
- 8.5.1949 angenommen.
- **23.5.1949 in Kraft** ⇒ **BRD**
  - Konrad Adenauer (Kanzler)
  - Theodor Heuss (Präsident)
  - Kurt Schumacher (SPD Prä.)
- 20.9.1949 erste Regierung

⟷ **7.10.1949 DDR**
- Otto Grotewohl
- Wilhelm Pieck
- Walter Ulbricht
Gründung der DDR ⇩

Entwicklung der BRD

1949-1963 Konrad „*3W*" Adenauer (erster Bundeskanzler)

Westintegration
- 18.4.1951 Montanunion
- 23.5.1957 EWG

Wiederbewaffnung
- 5.5.1955 in die NATO (Voraussetzung für die Souveränität).
- 1956 Wehrpflicht

Wiederaufbau
- Marshallplan ⟷
- Währungsreform
- Marktwirtschaft

„*Hallstein-Doktrin*" bis 1969 DDR isolieren

1. Verstaatlichung privater Betriebe
2. Kollektivierung in Landwirtschaft
3. Übernahme sowjet Modells (Planwirtschaft+Schwerindustrie)
4. SED

Voraussetzungen für sozialistischen Aufbau

1950 Rat für Gegenseitige Wirtschaftshilfe **(RGW)**
1953 oppositionelle Gruppe (Kommunismus+konkretes Verhältnis)
17.6.1953. Aufstand
14.5.1955 in den Warschauer Pakt

1949-1961 Aufbau

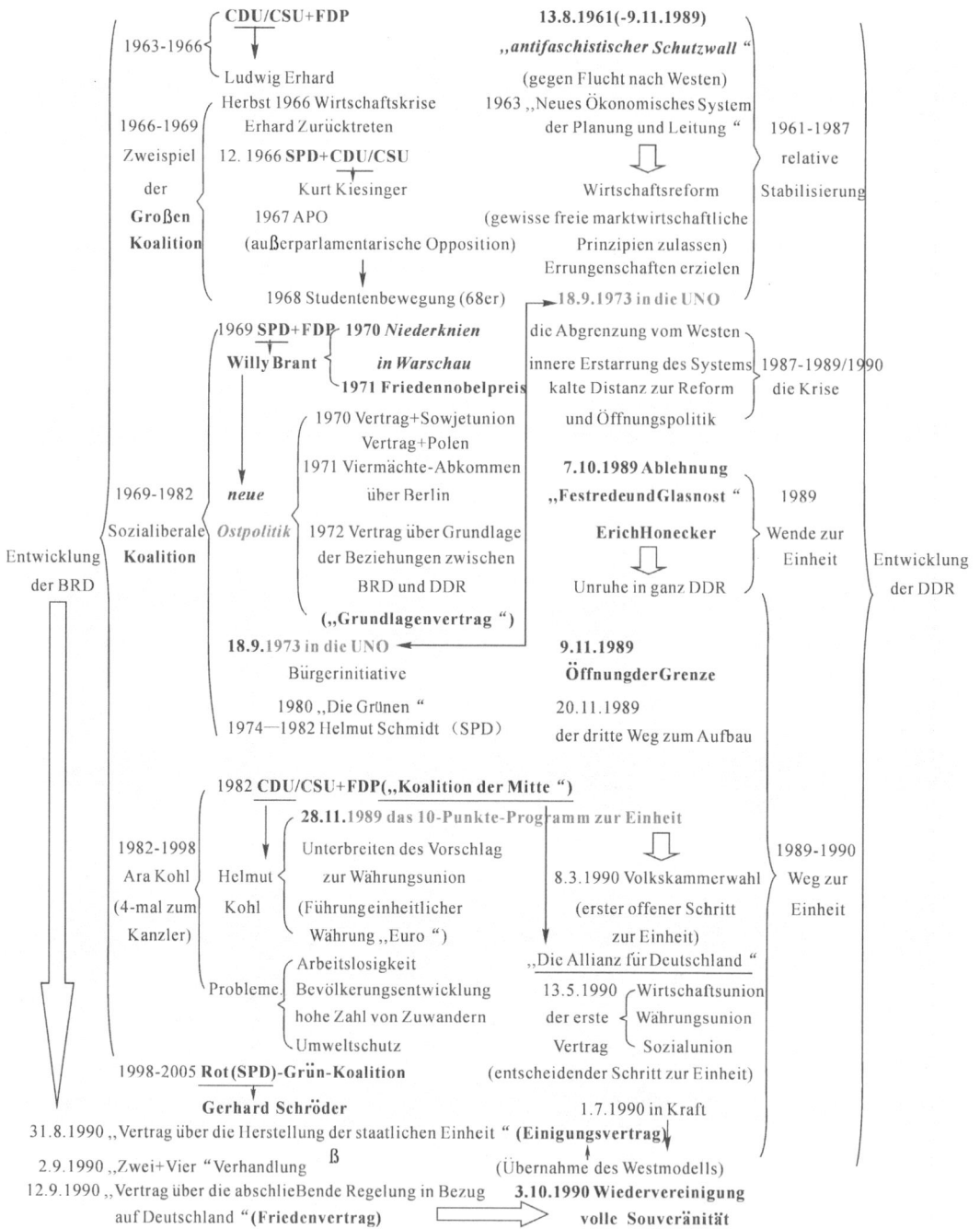

Entwicklung der BRD

1963-1966

CDU/CSU+FDP

Ludwig Erhard

1966-1969
Zweispiel
der
Großen
Koalition

Herbst 1966 Wirtschaftskrise
Erhard Zurücktreten
12. 1966 **SPD+CDU/CSU**
Kurt Kiesinger
1967 APO
(außerparlamentarische Opposition)

1968 Studentenbewegung (68er)

1969-1982
Sozialiberale
Koalition

1969 **SPD+FDP** 1970 *Niederknien*
Willy Brant { *in Warschau*
1971 Friedennobelpreis

neue
Ostpolitik

1970 Vertrag+Sowjetunion
Vertrag+Polen
1971 Viermächte-Abkommen
über Berlin
1972 Vertrag über Grundlage
der Beziehungen zwischen
BRD und DDR
(,,**Grundlagenvertrag** ")

18.9.1973 in die UNO ←
Bürgerinitiative
1980 ,,Die Grünen "
1974—1982 Helmut Schmidt （SPD）

1982-1998
Ara Kohl
(4-mal zum
Kanzler)

1982 **CDU/CSU+FDP(,,Koalition der Mitte ")**

Helmut
Kohl {
Unterbreiten des Vorschlag
zur Währungsunion
(Führung einheitlicher
Währung ,,Euro ")

Probleme {
Arbeitslosigkeit
Bevölkerungsentwicklung
hohe Zahl von Zuwandern
Umweltschutz

1998-2005 **Rot(SPD)-Grün-Koalition**
Gerhard Schröder

31.8.1990 ,,Vertrag über die Herstellung der staatlichen Einheit " **(Einigungsvertrag)**
2.9.1990 ,,Zwei+Vier "Verhandlung ß
12.9.1990 ,,Vertrag über die abschließende Regelung in Bezug
auf Deutschland "**(Friedenvertrag)**

Entwicklung der DDR

13.8.1961(-9.11.1989)
,,antifaschistischer Schutzwall "
(gegen Flucht nach Westen)
1963 ,,Neues Ökonomisches System
der Planung und Leitung "
Wirtschaftsreform
(gewisse freie marktwirtschaftliche
Prinzipien zulassen)
Errungenschaften erzielen

1961-1987
relative
Stabilisierung

18.9.1973 in die UNO
die Abgrenzung vom Westen
innere Erstarrung des Systems
kalte Distanz zur Reform
und Öffnungspolitik

1987-1989/1990
die Krise

7.10.1989 Ablehnung
,,**Festrede und Glasnost** "
Erich Honecker
Unruhe in ganz DDR

1989
Wende zur
Einheit

9.11.1989
Öffnung der Grenze
20.11.1989
der dritte Weg zum Aufbau

28.11.1989 das 10-Punkte-Programm zur Einheit
8.3.1990 Volkskammerwahl
(erster offener Schritt
zur Einheit)
,,Die Allianz für Deutschland "
13.5.1990 { Wirtschaftsunion
Währungsunion
Sozialunion
der erste
Vertrag
(entscheidender Schritt zur Einheit)
1.7.1990 in Kraft
(Übernahme des Westmodells)
3.10.1990 Wiedervereinigung
volle Souveränität

1989-1990
Weg zur
Einheit